ピンチに勝てる脳

茂木健一郎

JN286644

集英社文庫

はじめに

日本という国、そして僕たち日本人は今、さまざまな意味において、何十年かに一度のピンチに立たされています。

たしかに日本が第二次世界大戦で負けたときも、ある意味ではピンチに立っていたといえるでしょう。しかし、その後ずっと高度経済成長の道を歩んできた日本は、再度新たな危機的状況に立たされているのです。

二〇一一年三月一一日、東日本大震災という未曾有の地震に見舞われたこと。これによる死者、行方不明者は一万八〇〇〇人を超え（二〇一三年四月現在）、広範囲の地域が被災し、福島第一原子力発電所の事故が発生しました。政府は、この震災による直接的な被害額を十六兆から二十五兆円と試算しています。

その年の前年に中国が、日本のＧＤＰ（国内総生産）を抜いたこと。携帯電話に象徴されるような日本のさまざまな商品やサービスの「ガラパゴス化」。かつて優秀さの代名詞だった「メイド・イン・ジャパン」は、今や決して世界では通用しなくなってきているという状況も生まれてきています。たとえば、なぜiPhoneやiPadのような革新的な商品が日本からは出ないのか。そういう疑問も含めて、今、日本人全体がピンチに直面していると僕は思うのです。

僕がこの本の中でいいたいこと。それは実は「人間はピンチに立たされたときが、最大のチャンスである」ということです。昔から「ピンチはチャンス」とはいわれてきたことですが、その言葉にはちゃんと脳科学的な裏付けがあるのです。ピンチをチャンスにする生き方は、今の日本人にとってもっとも必要なことですが、実は太古の昔からすべての生き物はそのように生きてきたし、人間もそのように進化してきたのです。それらは極めて普遍的なことで、もちろんこれからの我々の生き方にも大きな助けとなってくれることでしょう。

そもそも人間とはどういう存在なのか、そして「私」とはどのような存在なのか。ピンチに立たされたときこそ、自分自身を見つめ直すチャンスでもあるのです。

ピンチに勝てる脳　目次

Part 1 ピンチのときが、最大のチャンスである

Part 2
挑戦し続けることで脳は変わる

Part 3 人生を全力で踊る。楽しむ。

図版作成：アイ・デプト.
編集協力：石井綾子
三浦愛美

ピンチに勝てる脳

Part 1

ピンチのときが、最大のチャンスである

01　この世界に正解などない

生きる上でもっとも知っておくべきことは何でしょう。

それは、「この世界に正解などない」ということではないでしょうか。

僕は小学校、中学校と埼玉の田舎の学校に行って育ちました。僕が子どもだったころ、大人たちは至極当たり前のこととして、いわゆる「出世のルート」みたいなものを僕に教え込んでくれました。がんばって勉強すれば頭のいい子が通う学校に行けて、理系の子であれば医学部に進んで医者になる。そうすると人生の成功ストーリーはもう完成したようなものである、と。

しかし、そのような考えの前提となっているのは「人生には正解がある」という考えです。

たしかに、学校のテストなどには正解があります。なるべくテストでは多く正解を導き出し、成績を良くし、先生に褒められるように生活していれば、自分が社会的に良い目にあう、というようなことを、僕たちは子どものころより社会の側から教えられていきます。

でも、本当はそのような考え方が通用しないことも、世の中にはたくさんあるのです。

そして、往々にして僕たちが人生で迷い戸惑う問題というのは、実は正解がないものであることが多いのです。

たとえば僕が学んだ東京大学の法学部というところでは、ごく当然のこととして、いわゆる「出世のルート」というものが語られていました。

「もし国家公務員になるのであれば、I種試験を受け、そこでいい点を取る。そうすると成績順に大蔵省、通産省（今でいう財務省、経済産業省ですね）に行ける。そこでもし大蔵省に行ったとすると、三年後くらいには地方に税務署長として赴任し、地元のお金持ちの娘と見合い結婚をする。公務員の給料は意外と安いので、奥さんの実家から資金的な援助を受ける。そのようにして五十いくつまで勤めて事務次官になるか、あるいはその前に退職して、いわゆる天下りをし、特殊法人などの理事長におさまり、退職金を何回かもらってゆうゆうと暮らす……」

そんな人生のシナリオが、まことしやかに、二十歳そこそこの学生たちの間で、ひとつの正解の人生として語られていたわけです。

もちろん、東大法学部の学生の名誉のために付け加えれば、全員が全員そういう人間たちばかりではなかったことはたしかです。しかし、そういうようなことを大真面目な顔をして語っている俗物的な人がいたのもたしかですし、また、そういうことを口には出さないまでも、それが世の中においては正解の人生であることを半ば信じていることが、さまざまな状況証拠から推察される学生もたくさんいました。

さて、では、はたして、そのような人生は本当に〝正解〟なのでしょうか。

このように、ある生き方をすることが人生における正解であるという世界観は、ひとつの大前提によって成り立っています。

それは経済学でいうところの「完全情報」、人生について、自分はすべての情報を手にしているという前提です。

自分が複数の選択肢からどれかひとつを選ばなくてはならないとき、それぞれの道を選んだ結果どうなるかという情報まで、あらかじめ自分に対して明らかであれば、どの選択肢が正解かを判断することができるでしょう。しかし実際はどうでしょうか。

たとえば自分のこれから進む道には、Aという人生、Bという人生、Cという人生があったとします。しかし、A、B、Cそれぞれの進路を選んだ場合、そこで起こりうるすべての可能性が眼前に提示されているのでない限り、どれが本当に自分にとって幸せなことなのかを正確に判断することはできません。

先ほどの例でいえば、もしかしたら赴任先には自分にはちょうどよい年ごろの見合い相手がひとりもいないこともあり得ます。もしいたとしても、性格がまったく合わないことだってあるでしょう。勤め上げた末に事務次官になれる可能性だって定かではありませんし、他の天下り先に行ける可能性だって何パーセントと決まっているわけではないのです。

だとすれば、多くの学生が当時望んだ〝正解〟の人生など、極めて曖昧でいい加減な絵空事ということになってしまいます。

人は「不完全情報」の状況下では、決して絶対の〝正解〟を見つけることはできないのです。

すべてを見通す神の目を持っているのでない限り、結局どの人生が自分にとって本当の〝正解〟であるかなどは誰にとってもわからないものです。

ということは、結局のところ「自分が決めたことだから」とか、「私はこれが好きだから」、あるいは「これに賭《か》けようと決心したから」というような、極めて主観的で、かつ個人的な好みによって人生の選択はなされていくしか方法はないのです。

【図解】

人生の選択と完全・不完全情報

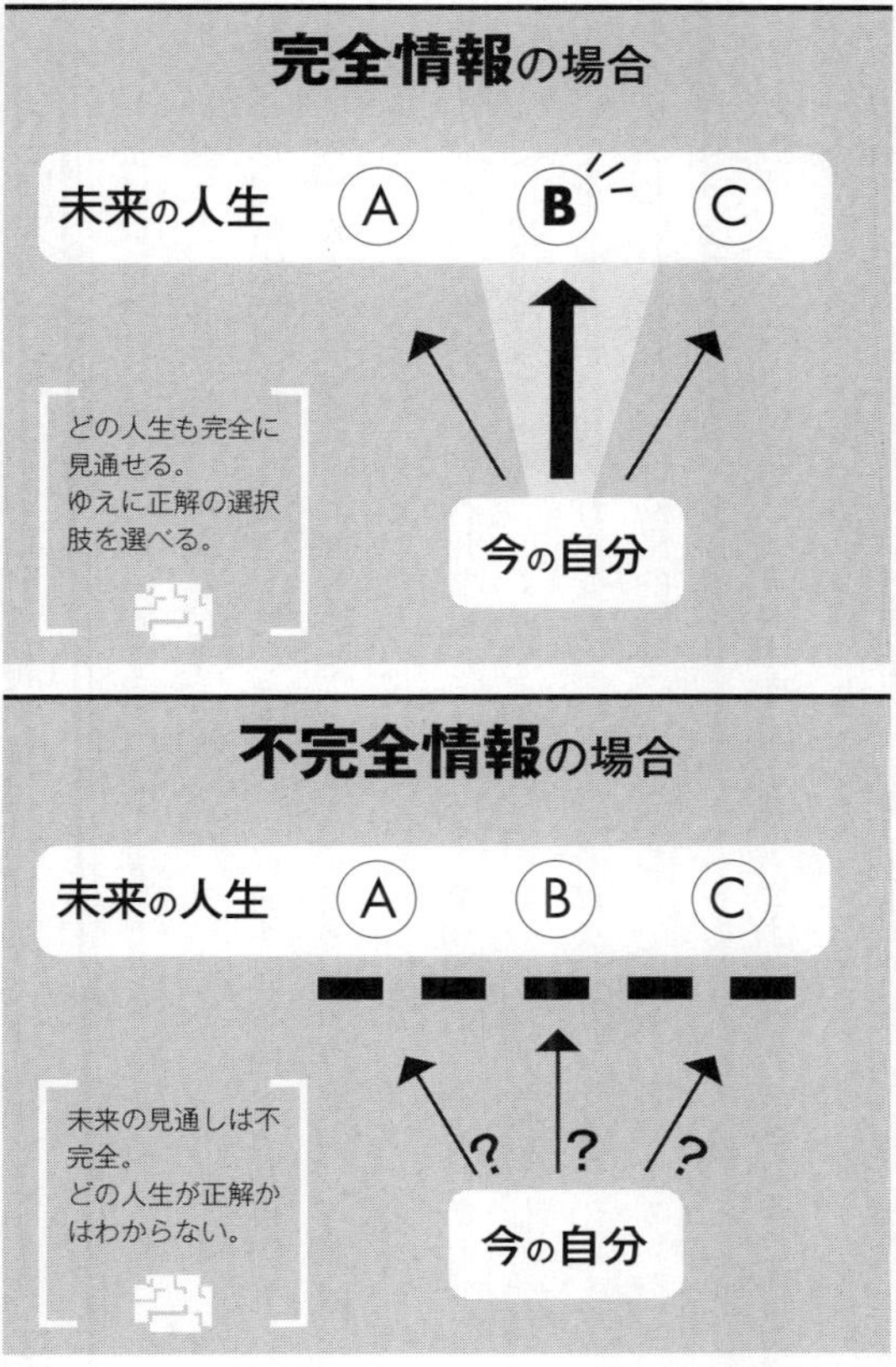

02 アリとキリギリス、結局どちらが正しいのか

もうひとつ、人生には正解がないことの証拠を挙げましょう。

それは「部分最適」と「全体最適」の問題です。

たとえば学校生活で典型的な優等生とされているのは、品行方正で学業成績優秀な人物です。それで周囲からの人望もあればなおさらですが、そういう学生は、学校という人生の一「部分」においては「最適」と見なされ、評価が高くなります。

たとえば日本の企業による新卒一括採用制度などは、その発想の延長線上にあります。人事部にとっては自由奔放で指導しにくい学生よりは、ある種均質な、そしてそれなりに優秀な学生を、四月一日に入社させておいて、一斉に人材教育をするのが、効率性という意味においてはもっとも効果的な選択だと思われているからです。

ところがここで困ったことがひとつ生じます。

それは、「部分最適」が必ずしも常に「全体最適」であるとは限らないということです。

僕が高校二年のころのことです。

ある日、職員室前に突然張り紙が出されました。

「以下の者は体育館でマージャンをやっていたため、五日間の停学に処す」

さて、その「以下の者」の中には僕の友人も含まれていました。

彼らは体育館の裏でマージャンをやっているところを、運悪く教員に見つかり、停学を食らったわけですが、たしかにそんな彼らの振る舞いは、「内申書を良くして優等生として良い大学に入学する」という視点から見れば、「最適」といえないのは明らかです。

ところが、今になって考えてみれば、世の中には「学校の先生に隠れて体育館の裏でマージャンをやれる能力を持つ」人でないと、成し遂げられないようなこともあるのではないかという気がしてくるのです。

いわゆる「横紙破り」とでもいうのでしょうか、「ルールを破ってでも楽しいことをやる！」という精神を持っている人でないと、できないことというのが世の中にはたしかにあります。

むしろそういう人をこそ、今の時代が求めているという局面も、あるのではないでしょうか。なぜなら芸術家や企業家、発明家や研究家、世の中を革新していくような人々の自伝を読むと、多くの人が、まったくもって「部分最適」にふさわしくない幼少時代を送っているからです。

このように学校という「部分」にのみ「最適」である人物が、必ずしも世の中や人生という「全体」性を眺めたときに「最適」であるとは限りません。


たとえばそれは、ドラッグの依存症などにもいえることです。

僕はドラッグはやりません。やったこともないし、これからもやらないけれど、それは簡単な理由からです。

ドラッグというのは、ある種のショートサーキットだからです。本当は苦労してようやく得られるべき喜びを、ドラッグを利用して短絡的に得る。それはたしかに脳にとっては強烈な刺激にはなりますが、そのことによって得られる利益というのはほとんどありません。ただ瞬間の快楽を得られるだけです。

イギリスの哲学者で経済学者でもあるジェレミー・ベンサムが、「最大多数の最大幸福」の実現が社会の目的であると説いた根底には、「快楽を得るのが人生の目的だ」ということがあるわけですが、その「快楽」は自分の長い人生における本物の「快楽」でなければならないのです。

表面的な快楽主義は、今その瞬間のみの快楽を優先する「部分最適」の場合が多く、人生において本当に自分が面白いと思えることを優先する場合には、その瞬間のみの「部分最適」としての快楽を求める戦略は、必ずしも良いことではないことを僕たちは知っています。

もうひとつ、たとえ話をしてみましょう。

イソップ物語に「アリとキリギリス」の話があります。

夏の間、いずれ来るべき冬に備えてせっせと働き食料を備蓄するアリたちに比べ、キリギリスは先のことなど何も考えず楽しい夏を謳歌《おうか》しています。

しかし残念ながらやはりいつか冬はやってきます。夏の間働き続けたアリたちは、備えあれば憂いなしといわんばかりに、冬も温かく食料に囲まれて過ごせますが、キリギリスは着の身着のままで食料もないという悲しい現実に直面します。

実は、これぞまさしく「部分最適」と「全体最適」の良い例です。

いうまでもなくキリギリスは夏という限られた季節を「部分最適」にしようとしたわけで、一方のアリたちはオールシーズンを考えた上での「全体最適」を考えたわけです。

つまり「部分最適」において一番ふさわしいだろうと思ったキリギリスの行動は、人生全体を考えたときには最適な選択ではなかったということです。

ここに、往々にして僕たちが「部分最適」だけを見て、これが〝正解〟だと思ってしまうことの罠《わな》が潜んでいるのです。限られた学生時代、「部分最適」してきた人物の価値判断は、はたして人生全体を考えたときに「全体最適」に耐えうるものなのかという問題です。

ただし、ここで大事なのは、あくまで〝正解〟はわからないということです。

つまり、キリギリスが夏の間享楽的に暮らしているときも、アリは一生懸命働いていたという意味においては、アリの行動は一見高度な行動のように見えますね。

でも、もし夏の間働きすぎたアリが過労死して、せっかくためた食料を自分が味わうこともできなかったらどうでしょう。というのも、そういうことも現実的にはあり得るシチュエーションだからです。

ましてや、生き残ったキリギリスにその食料を横取りでもされてしまったら……。

「全体最適」のみを考え続けてきたアリにとっては、不幸なことこの上ない結果に終わってしまいます。

【図解】部分最適と全体最適

部分最適

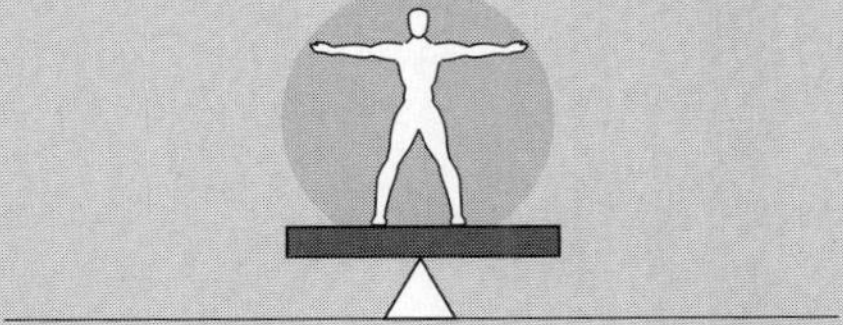

ある部分や限定された条件では、もっとも適したバランスをとっているように見えるが……

全体最適

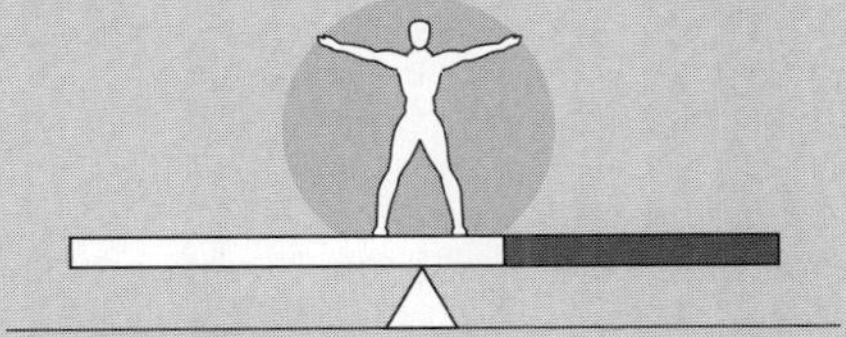

物事全体や人生全体から見ると、もっとも良いバランスは違うかもしれない。世界には万人共通の正解など存在しない。

少々混乱させてしまったかもしれませんが、僕がいいたいのは、「結局のところ、何が自分の人生において最終的に幸福に通じるかはわからない」ということです。

世の中には、万人に共通する〝正解〟など存在しません。

多くの人にとって人生の〝正解〟がわからないという真実は、脳科学の世界では「偶有性」という概念によって説明されています。

人生に〝正解〟がない以上、間違いだと思ったことが、実は〝正解〟だったということも十分あり得ることです。むしろ「これ以上あり得ない！」と思うほどの失敗が、人生を成功に導くことだってある。

「偶有性」という観点に立てば、実は「ピンチこそがチャンス」であるということが、人生においてとてつもなく重要な命題だとおわかりいただけるのではないでしょうか。

冒頭にも申し上げた通り、日本は今、国としても、そして日本人という国民としても危機的状況にあります。が、そんな現状すらも「ピンチこそがチャンス」ということをきちんと理解していれば、決して悲観すべきものではなく、むしろ僕たち日本人にとって、もしかしたら今が一番成長するチャンスなのかもしれないと、とらえ直すことができます。

その過程において大切なことはただひとつ。

何が人生の〝正解〟であるかということを簡単に決めつけず、ましてや赤の他人に決定させることなど絶対に拒否して、これから述べていく「偶有性」を味方につける知恵を元手にしていただきたいということです。

03 脳にとって良いことは何か

ここのところずっと日本は脳ブームです。テレビや新聞、雑誌などで、「こういうことをすると脳が活性化する」とか、「脳にいい」というようなものがよく紹介されています。

たとえば、ドリルやクイズが脳にいい、ナトリウムが脳にいい、イワシを食べると摂れるＥＰＡがいい、などです。僕は脳科学者として、実にさまざまな人から「○○をすると脳にいいんですか」と聞かれます。

本当に「脳に良いことは何か」。これをきちんと理解することは、実はピンチをチヤンスに変える上ではとても大切なことだと、僕は考えます。

さて、脳にとって本当に良いこと。

僕は、それは「偶有性」であるとお答えします。

「偶有性」とは何かというと、「自分が知っていること」と「自分が知らないこと」とが混ざり合っている状態です。別の言い方をすれば、「予想できること」と「予想できないこと」とが混ざり合っている状態、「慣れ親しんでいて安心できること」と「新しくて不安であること」とが混在している状態です。それが一番脳にとって良い刺激になるのです。

日本人は、どうしても「○○が脳にいい」ということですら、何か絶対の〝正解〟があるかのように思ってしまっています。たとえば先ほどの例でいえば、「ドリルやクイズが脳にいい」という情報を得ると、ドリルやクイズだけをやっていれば自分の人生の問題はすべて解決するかのように思ってしまうのです。

「脳トレをすると脳にいい」と聞けばすぐに脳トレを開始し、「朝コーヒーを飲むと脳にいい」と聞けば、毎朝コーヒーを飲めば自分の頭は良くなって、抱えている人生の問題はすべて解決するかのように思ってしまう。

Part 1-03

脳にとって
良いことは何か

【Check】

本当に脳に良いこととは？

?

point

「○○が脳にいい」を正解と思い込む態度こそ、脳に良くない

ドリルやクイズなどの脳トレーニングをすること

青魚の DHA や EPA をたくさん摂ること

朝必ずコーヒーを飲むこと

チョコレートをしょっちゅう食べること

etc.……

○

point

脳は「偶有性」を栄養にして一生学び続け、成長していく

自分の知っていることと、知らないことが混ざり合っている状況

慣れ親しんでいて安心できることと、新しくて不安なことが混在している状況

何が「正解」なのかわからない状況

etc.……

しかし、実はこのような態度こそが、一番「脳にとって良くないこと」なのです。なぜなら、「偶有性」から僕たちを遠ざけてしまうのが、このような態度に他ならないからです。

では、なぜ「偶有性」は脳に良いのでしょう。

それは、常にそこから学ぶことができるからです。「自分の知らないこと」「慣れ親しんでいなくて不安であること」「予想できないこと」、このような状態からこそ、人間は新しいことを学んでいきます。

「偶有性」を栄養素としてこそ、脳は一生学び続けていくのですが、そのときに「○○が〝正解〟である」と、あらかじめ決めつけることは、もっとも脳の学びを阻害してしまうことなのです。「チョコレートが脳にいい」「朝のコーヒーが脳にいい」というような表現は、あたかもすべての人にとってこれが〝正解〟のことであって、それさえやっていればとりあえず安心であるかのように思わせてしまう。そこには何の不確実性もありません。

脳にとって一番良いこと。実はそれは「何が〝正解〟なのかわからない」という状況なのです。つまり先ほど述べたような、「全体最適」と「部分最適」は、人生全体を考えたときにどちらが自分にとって良いことなのか、誰にもわからないという状態であり、それが脳にとってはもっとも興味深い状況なのです。

04 アイスランドの噴火

「偶有性」について、身にしみて考えるようになったきっかけがあります。二〇一〇年四月、僕はヨーロッパにいました。「さて、これから日本に帰国しよう」という矢先、突然思いもかけないような事態が起こりました。アイスランドのエイヤフィヤトラヨークトル火山の噴火です。

日本に帰る日を延ばすことなど、本来できない相談でした。帰国後すぐに、ノーベル賞を受賞された益川敏英先生との対談が予定されていた他、いくつか重要な仕事があったのです。それなのに、個人の力ではどうにもしがたい事態が発生してしまった。

このときのアイスランドの噴火は、ギリシャの経済危機によって世界中が打撃をこうむった状況と似通っていました。ギリシャは、アメリカやヨーロッパの先進諸国とは違い、通常は世界にそれほど影響を及ぼさない存在だったはずです。それがいざ、事態が変化してみれば、世界中を巻き込む状況へと発展してしまった。

これはすべての物事がグローバル化して密接にかかわり合うようになった現代を象

徴する出来事でした。経済規模は日本の十数分の一、人口密度にしても、日本の四分の一程度しかないギリシャの国の経済、財政危機が、世界経済にまで影響を与えるということは、これまでなら考えられなかったことです。

ところが今や、それが回りまわって僕たちの生活にまで大きな影響を与えるようになってしまった。ギリシャがユーロ圏内にいて、この国の財政危機がユーロの信認の問題につながるがゆえに、結果としてユーロのみならず、ドルや円という世界の主要通貨にまで影響を与えるからです。

まったく同じことがアイスランドの噴火でも起こりました。アイスランドという小さな国の火山が噴火したことによって、ヨーロッパの空港は次々と閉鎖され、結果として日本で予定されていた仕事はキャンセルする羽目になってしまった。そして僕はといえば、四日間もの間、ヨーロッパをさまようことになったのです。

この事態の発生により、僕は「偶有性」のことについて身にしみて考えるようになりました。なぜならこの間、「どういう行動をすれば〝正解〟か」という問いへの絶対的な答えが存在していなかったからです。僕にとってこのことは非常に教訓的でした。

僕は当時、ドイツのミュンヘンの空港の再開を待っていました。しかしそれ以外にもとりうる手段の可能性としてはさまざまな選択肢がありました。たとえば、

1、ローマの空港まで陸路で行って、そこからアリタリア航空で帰国する。
2、スペインのマドリードまで陸路で行って、そこから空路で帰国する。
3、東のほうのウィーンまで陸路で行って、そこから空路で帰国する。
4、いっそモスクワまで陸路で行って、そこから空路で帰国する。
5、あるいは煙はむしろ北のほうから晴れるだろうから、火山に近いところまで行ってそこから帰国する。

などというように、さまざまな選択肢があったのです。これらの情報は自分でネットから集めたものもあれば、友人から送られてくるメール、ツイッターへの書き込みなどから得られたものもありました。

けれどもどれほど選択肢が増えようと、自分にとって何が〝正解〟かということは決してわかりません。僕にだってわからないし、他の誰にだって答えようがないことでした。

結果としてはミュンヘンに四日間滞在して、飛行機が運航されるのを待ち、ようやく帰ってくることができたわけですが。

なぜ〝正解〟がわからないのかということは、先ほど述べた「部分最適」と「全体最適」そして「不完全情報」の問題が大きく絡んできます。自分が今いるミュンヘンから無事に日本に帰れるのか、そのことに影響を与えている要素は、それこそたくさんありました。

1、エイヤフィヤトラヨークトルという長たらしい名前の火山が、今後どれくらい噴火を続けるかわからない。
2、エイヤフィヤトラヨークトルの横にカトラという火山があり、過去何度かエイヤフィヤトラヨークトルが噴火したときにはこのカトラも同時に噴火している。もしこのカトラが噴火すれば、火山灰の状況はより一層深刻なものになる。
3、ドイツの運輸相のラムザウアーという人は、なかなか頑固な人物で、ドイツの航空会社は飛行機を飛ばしたがっているが、彼が「絶対に安全だという保証が得られるまでは飛んではいけない」という決定を出しているために、なかなか飛行機が飛ばない。
4、次善の策としてアリタリア航空のチケットは確保したものの、「ラテン系の国に行くのはやめたほうがいい」という助言の声も聞こえてきた。そこまで行く列車も予定通り動くか、安心はできない。

数え上げればもっとありますが、とにかく自分の行動の決定を下すのに、実にさまざまな要素が絡まり合っていて、容易に決められないのです。まさか自分が日本での仕事をこなすために、ドイツの運輸相のお母さんが、かつて自分の子どもをどのような性格に育成したかということが関係してくるとは、僕もこの年まで考えたこともありませんでした。

まさに「偶有性」の真っただ中。

「偶有性」というのは、自分がその中に放り込まれてからでないと、なかなか身にしみてはこないものです。そこで明らかになるのは、こういうピンチこそが自分を多少とも成長させてくれるきっかけになるということです。

僕だって、もし普通に何のトラブルもなくミュンヘンから飛行機が飛んでいたら……これほど「偶有性」の問題について深く考えることはなかったですし、危機に対処する能力を高めるチャンスもなかったわけです。

また、こういう危機に放り込まれたとき、やはり人間ができることというのは、それでも一生懸命情報を集めて、その中で自分が「こうじゃないか」と思うことに、ある意味、人生を賭けるしかないということです。誰も〝正解〟を提示することなどできないのですから。

通常は、自ら人生におけるピンチを求めて火の中に飛び込むことなどしないのでしょうが、本当のことをいえば、実は「ピンチのときこそチャンス」であり、自分が今いるステージからもう一段階成長するための絶好の機会となるのです。

05 三・一一 東日本大震災

アイスランドの噴火は、僕の個人的な経験談にすぎませんが、二〇一一年三月一一日に発生した東日本大震災は、人によって被害の多寡があったにせよ、多くの日本人が共有する「偶有性」の体験だったのではないでしょうか。

僕は一九六二年生まれですが、子どものときから、「関東大震災のような大きな地震がいつか来る」と、言われ続けて育ちました。地震が来るたびに、一瞬「これがその大きな地震なのかもしれない」と、思うのですが、そんな大地震はやってはきませんでした。もちろん、一九九五年一月一七日に発生した阪神・淡路大震災は、戦後最大規模の地震でしたが、それでも東日本が直接被害を受けるような地震は、関東大震災以来一度も起こっていなかったのです。「いつか来る」と言われていたその日は、本当にやってきました。二〇一一年三月一一日、自分がどこで、何をしていたのか。今でも多くの人が、鮮明に覚えていることと思います。

あの日、僕は東京都内にいて地下鉄に乗っていました。電車は、駅を出たばかりだというのに、突然停車し、警告音が鳴り出したのです。「どうしたんだろう?」と思っているうちに、今まで経験したことのないような大きな揺れがきて、車体は上下、左右に大きく揺れ始めた。時刻を確認すると、一四時四六分でした。

車内は空いていたのですが、同じ車両にいた人たちは、みな不安げに顔を見合わせていました。幸い、電車は少し前に出発したばかりの駅のホームが見えるくらいの位置に停車していたので、電波は届いている。携帯電話でニュースサイトを見ると、東北沖を震源とする、地震が起きたという。東北が震源地であるにもかかわらず、関東でもこれだけ揺れたとなると、「これは、大変な事態になるな」と直感しました。

その後、電車は程なくして動き出し、次の駅までたどり着いた。そこで、乗客全員降ろされることとなり、地上に出ると、まだ余震は続いていたが、今、自分がやるべきことは何かを考えて、僕はすぐに行動していました。

その日は、学生たちとのゼミがあり、その後は僕が講師をしているカルチャーセンターでの講座があったのです。そこで、ゼミの学生たちに向けて、「みんな、大丈夫か？　今日のゼミは中止。気をつけて家に帰ってくれ」とツイッターでつぶやきました。カルチャーセンターには、僕から電話をしてその日の講座の中止を判断してもらいました。そして、週末に京都である会合も中止にしたのです。

家に向かって歩きながら、携帯電話を使って地震の情報を集めていると、テレビのニュースで放送している津波警報の映像をユーストリーム（インターネットを通じて動画や音声を配信するサービス）を使って流している中学生がいて、「津波だから、逃げてください」と訴えていました。

僕も震災後しばらくの間は、ツイッターを通して、震災の被害に遭われてテレビなどのマスメディアからの情報が入らない方たちや、日本で暮らす外国の方に向けて積極的に情報提供をするようにしていました。とくに、福島第一原発の情報は、世界的な関心事だったので、ＮＨＫでニュース速報が流されると、それをすぐに英文にして発信しました。

東日本大震災が発生したことによって、僕たちは「いつか来る」と言われていた大規模な地震に直面することになりました。日本人にとっては、いつか来ることを覚悟していた地震であったとはいえ、実際に来てみると、いきなり未曾有の状況に投げ込まれてしまったようなものです。

福島第一原発の事故をはじめ、前例のないことばかりが続き、私たちはその場その場で自分がどうすべきか、という判断を迫られていたように思います。そのときに、パニックになって冷静な判断ができなくなってしまう人がいる一方で、先ほどの中学生のように、自分にできることは何かを判断して、瞬時に行動に移せる人がいます。

多くの人が、ピンチのときには冷静な判断ができなくなってしまいます。というのは、ほとんどの人には日常性のバイアスがかかっているからです。東日本大震災のような、今まで経験したことのない揺れを感じたとしても、「自分の日常の中でそんな大それたことが起こるはずがない」という先入観を持っているため、実際には劇的な変化が起きているのに、「大したことはない」と過小評価してしまう。

このようにして、ピンチが訪れたときに事の重大さに気がつかないために、時間が経過してから初めて事態の深刻さを認識して、「手遅れかもしれない！」と慌ててしまうのです。こうした状況は、ゆでカエルのたとえを使って説明するとわかりやすいでしょう。水を張った桶《おけ》にカエルを入れて、その桶の温度を徐々に上げていっても、カエルは温度の変化が緩やかなため、気がつきません。やがて熱湯になったときには、飛び上がって桶から逃げ出す力も残っていないために、ゆで上がってしまいます。

そうならないためには、「いつか来る」とわかっているものが、実際に来たときに――つまり、ピンチに対して――それに対処する能力を鍛えておく必要があります。

06 ピンチをチャンスに変えるコツ

では「ピンチをチャンスに変える」ためのコツ、つまり「偶有性」の対処の仕方において、もっとも基本的なことは何でしょう。

それは、ひとつひとつの情報にあまり重きをおかない、ということです。

先ほどのアイスランドの噴火事件を例にとれば、自分が最終的に日本に帰れるかどうかという結果に影響を与える要素というのは、とてもたくさんあったので、その中のどれかひとつの要素に支配されてしまうというのは危険なことでした。

日本人は、特に素直で優等生であることが良しとされて育てられてきた国民です。しばしば、学校の先生のいうことはすべて正しいという世界観のもとで育てられるので、何かの情報が来たときに、それが正しいのか正しくないのか、ということを自分の頭で判断することが苦手です。誰かがいっているから正しいだろう、とそれだけで判断してしまう。

もしかしたらその情報は不完全かもしれないし、あるいは現実の一部分しか反映していないかもしれないということにあまり頭がいかないのです。

しかしそうやって、たとえばメディアのいうことをうのみにしてしまうと、結果としては「ピンチをチャンスに変えられる」千載一遇の機会を逃してしまうことになるかもしれない。「偶有性」の恵みを、享受できないことになってしまう。

とにかく、すべての情報は一度、横に並べて置いた上で、改めて自分の頭で決断する。そういう脳のプロセスをつくることが大切です。

07　常に頭にifを持つ

次の作業として大切なのは、「もし○○だったら、どうするか」という仮定法を頭に持つことです。英語でいうならば、“If～, then～.” この文章を頭の中でいくつも思い浮かべる作業が必要です。

自分が思いついたいくつかの〝If～, then～.〟を実際に実行するかしないかは別としても、いくつものあり得たはずのオプションを持っておくことは大切です。

オプションは金融の世界でも重要な役割を演じます。金融取引などで、たとえば「何カ月後に○○をいくらで買う」という権利を確保する。もしそのときに買いたくなかったら買わなくていいけれど、買いたかったら買えるという権利を確保することを、オプションといいます。

そのオプション自体が金融取引の対象になっていますが、このようなオプションをいくつか自分の中で意識して用意しておくというのは、人生の上でも必要なことではないでしょうか。

「もし○○だったら、～をする」。このような仮定を頭の中で文章化して持っている。それも同時に複数持っていられるということが、ある意味ではその人の「偶有性」に対する強さの指標となるのだと思います。

なのにそこで、「人生に〝正解〟はひとつしかない」ということを教えられて信じ込んでしまっていると、大変なことになります。それ以外の仮定を最初から頭に思い描くことをしないからです。しかもその人が、いわゆる〝正解〟のルートを歩んでいる人だったとしたら……。ますます今していること、〝正解〟だと教えられたこと以外の"If～, then～."は、その人にとって不必要な妄想として片付けられてしまうことでしょう。

たとえばアイスランドの噴火に遭遇したとき、「スイスの空港に行ったほうがいいよ」という情報を受け取ったとします。その場合は、それも仮定のひとつとして検討します。何を検討するかというと、「スイスの空港に行ったほうがいい」という情報が成り立っている前提は何かということです。

その検討の結果、もしその前提自体が成り立たなかったら、どのような結果になるだろう、ということを考えてみるのです。

スイスの空港に行くとよいという情報は、そこがアルプス山脈に遮られて火山灰が到達しておらず、まだ飛行機が飛んでいるということを前提にしていました。しかしスイスも空域を封鎖するならば、そこまで行っても意味のない結果になります。

結局、「偶有性」に対応するためには、教養が大切なのではないでしょうか。教養といっては大げさかもしれませんが、いろいろな知識をあらかじめ持っていること、ある情報がもたらされたときに、冷静に考えてその情報の信憑性《しんぴょうせい》はあるのか、その情報が成り立っている前提は何なのかを考えられる教養が、ものをいう気がします。

ピンチに立つ「偶有性」の時代においては、結局、人間は、広い意味でのインテリジェンスが必要なのだと思います。

インテリジェンスは、日本語に訳すと「知性」となりますが、それ以外にも、国がスパイ活動をしてさまざまな情報を集める「諜報」も意味します。諜報活動も、さまざまな情報が錯綜する中で、結局はどの情報がより信憑性が高いのかということを判断する能力が必要になります。それは、国同士のスパイ活動においても、極めて個人的な人生の選択においても、同じように大切なことなのです。

08 インフォメーション VS. ミスインフォメーション

ミスインフォメーションという言葉があります。

通常、インフォメーションというのは、ある有益な情報を自分のところにもたらしてくれるものですが、ミスインフォメーション、あるいはディスインフォメーションというのは、それとはちょっと異なります。

ミスインフォメーションは、明らかに間違った情報をもたらして誤った方向に自分を導いてしまう結果になりますし、ディスインフォメーションの場合は、さらに自分に害をもたらすようなことを目的とした情報であることが多い。

同じ情報でも、世の中に流れているのはこのようにいくつもの種類があるわけで、それを自分なりに判断できるかどうかというのは、とても大事なことです。

それがどれくらいできるのかということが、これからの乱世の日本を、あるいは乱世の世界を生き抜く上ではとても重要なことなのです。

何が正解なのかまったくわからない状況下で情報を集める。これは、東日本大震災で、多くの日本人が直面した状況でもあるでしょう。

その情報は向こうからも来るし、自分からも取りに行かなくては集まらない。そして集めた情報のどれが信憑性があるかを、自分で判断して取捨選択していく。

それでもたったひとつの正解などはやはり存在しないので、同時並行的にいくつかの選択肢をオプションとして自分の中に持っておく。そのようなトレーニングが人生にも必要なのではないでしょうか。


「ピンチをチャンスに変える」

「ピンチを通して自分が学ぶ」

それはすべての人の共通の経験になるべきで、そういう経験を積み重ねた人こそが、これからの時代に真に輝くことができる。

それはその人個人にとっても幸せなことですが、そういう人がこれからどれだけ増えるかによって、日本の社会が幸福になるか、このままピンチに飲み込まれていくかが決まってくるのではないでしょうか。

09 ピンチに陥ったときにパニックになるな

ピンチに陥ったとき、もうひとつ重要なのはパニックにならない、ということです。自分が予想していない事態に陥ったとき、パニックにならずにその場でとりうる限りの最善の策をどうやったらとれるか。

では、パニックになるとはどのような状態のことを指すのでしょう。

通常、人はものを考えるときに、その物事に関連する情報を脳の中で引っ張り出していきます。ところがパニックになったときというのは、どの引き出しを開ければ自分に必要な情報が得られるのかがわからなくなって、あっちもこっちもとにかく引き出しを開けてみる状態になってしまっていることです。頭の中でランプがいくつもあちこちで点滅している状態を思い描いていただくといいかもしれません。

東日本大震災は、予想もしていないことが次々に起こり、日本社会全体がパニック状態に陥っていたという見方もできます。そして地震が発生した直後は、いろいろな情報が錯綜しました。「○○で助けを求めている人たちがいる」とか、「××で崩落が起こった」とか。そのときのツイッターでは、冷静な人も多く、「助け合おう」「頑張ろう」というようなポジティヴな内容をつぶやいていたように思います。

ところが、地震から二十四時間が経過したあたりから、「政府の対応が悪い」とか「情報が少なすぎる」とか、ネガティヴなつぶやきに変わっていきました。二十四時間くらい経つと、脳が余計なことを考えてしまうモードになってしまうのです。つまり、どんな緊急事態であっても、二十四時間経つと、日常が入り始めます。

我々の日常生活は、ぐずぐず言わないで行動するよりは、どちらかというと立ち止まって文句を言っている時間のほうが長いというわけです。「あの部長は気にくわない」「うちの会社は待遇が悪い」などというのは、文句を言うことでエネルギーを発散させ、退屈しないで日常を過ごすためのひとつの知恵なのです。それだけ、余裕があるということなのですが。

地震直後は、緊急事態だという意識が人々の中にあるので、「ぐずぐず言っててもしょうがない。自分ができる範囲のことでとにかく行動しよう」という気持ちになりました。脳の仕組みからいうと、ピンチのときは「まず行動ありきだ」という行動主義モードになるのです。いくら議論しても、行動しないと生き延びられないからです。とにかく立ち止まって思案していても仕方ありません。行動しながら考えることが大切です。

10 身の丈でできることをする

どんな人の中にも、「ぐずぐず言っていないで、まず行動」というスイッチがあります。ただ、残念なことに、二十四時間くらい経つと、いつもの文句モードに戻ってしまう人が多いのです。

では、「まず行動すること」を習慣づけるにはどのようにしたらいいでしょうか。

インターネット関連のベンチャー企業を立ち上げた方たちと話していると、彼らは文句を言っている時間が限りなくゼロに近く、行動している時間が長いと感じます。だからこそ、彼らは時代の波を捉えることができるのでしょう。彼らの考え方の根本には、「一度にできることは、ひとつしかないから、ぐずぐず言っていないでとにかくやってしまおう」ということだと思います。

なぜ、彼らは文句を言うよりも、行動しているのかというと、自分がやるべきこと、できることが見えているからです。

震災の後も同じことが言えます。自衛隊や消防の人など、被災地でやるべきことがある人や、できることが見えている人たちは、黙って現場で行動します。でも、何をしたらいいかわからない人たちの中には、政府や電力会社をただ批判するだけの側にまわってしまうこともある。

それは緊急事態に陥ったときには、ある程度は仕方がないことだとは思います。問題は、東日本大震災のような何十年に一度しか起こらないような状況でなくても、実は日常生活においても、自分がやるべきことがわからないから文句を言って発散することがある、ということです。

ですから、「まず行動すること」を習慣化させるには、自分がやるべきこと、できることを知ることが大切なのです。

「自分がやるべきこと、できること」とは、何も自分ひとりですべてをやらなくてもいいのです。むしろ、自分ひとりで、全部抱え込まないようにすることが大事だといえます。人と協力することで、自分が持っていなかった方法で物事が解決する場合もあるからです。そういう意味においては、他人に愚痴や文句を言うことは決して悪いことではありません。

また、脳は行動を通して学習しないと身につかないという特徴を持っています。したがって、普段から、自分ができる身の丈の範囲で物事を考える訓練をしておくと、すぐに行動を起こすことができるようになります。

もちろん、人間には夢や理想があるので、言っていることと、やっていることが乖《かい》離《り》していても、それはそれで構いません。ただ、言葉と行動がいつも離れてしまっていると、ストレスがたまります。どんな人でもそうですが、自分がコントロールできる範囲のことと、そうでないことがあります。自分の日常生活で起こる身の丈の範囲のことは、コントロール可能ですが、たとえば、原発の問題を何とかしたくても、自分ひとりですぐにどうにかできるようなものではありません。どうすることもできないことに、ただ固執して悩みつづけていると、ストレスがたまってしまうのです。

時には身の丈を超えたことを想像することも大事なのですが、まず、自分のできることからやっていく。それが、大きな問題を動かすはじまりにもなるかもしれません。ピンチの状況で自分のできる範囲以上のことを言っているだけでは、結局は何もできない、ということになりかねません。

11　セクションを超えて考える

震災後、僕は被災地のひとつである岩手県の釜石市に何度も足を運びました。そこで感じたことは、「ピンチのときには、人はこんなにも力を発揮できるものなのだ」ということです。

僕が初めて釜石市を訪れたときに、対応してくださった方は、もともとは文化財保存課で遺跡の発掘をしていたそうですが、震災後は、広報課が外部の人の対応をする、といったセクショナリズムが完全になくなっていました。市役所の人は全員総出で、誰が何課で、どこを担当するといったようなことを言っている場合ではなかったからです。そのときは、とにかく全員が一丸となって全力疾走していた時期だったのです。

日常の状態であれば、役所に限らずどんな組織でもそうですが、自分たちの担当はここだから、これ以上はやらないというセクショナリズムがあるところがほとんどでしょう。たとえば、市民が相談事があって役所に出向くと、それはうちの課ではなくて、○○課の担当です、と言われ、たらいまわしにされる、といった具合に。職員もこのような対応は良くない、と思いつつも、つい惰性に流されてしまっています。

ところが、東日本大震災のようなピンチを迎えたとき、人は本来の自分の使命を思い出すものなのだと感じました。それは、震災後の釜石市役所の職員も同じで、彼らは公務員としての使命感に目覚めた、と言います。そのときは、誰が何課であるかは、どうでもよく、とにかく市民を助けることを第一に考えて動いたそうです。

このようにピンチを迎えたとき、人は自分の使命を思い出し、力を発揮することができます。同時に、ピンチが起きる前の日常を振り返る機会にもなります。普段から、ピンチのときのような心構えで取り組んでいたら、もっと物事を良い方向に変えられたのではないだろうか、というように。

一方でピンチのときだから、普段は発揮できない力が出た、という考え方もありますが、「セクションを超えて常に偶有性の海を泳ぐ」という考えの人たちが集まって、力を発揮できているかどうかが基準となり、その国の今後の発展が決まるようなところもあると思います。

12 「偶有性」の達人、スカーレット・オハラ

何かの決断を迫られたり、緊急事態が発生したとき、〝正解〟がわからないがため

にフリーズしたり、文句を言ってしまう人は多いようですが、「わからない」といって右往左往した揚句、結局「何も行動しない」ということを選ぶのは一番始末に負えない結果を招きます。

何も決めずに無為に時間が過ぎるよりは、それがたとえ正解かどうかはわからなくても、とにかくある選択肢を決めて、アクションを起こす。それが、たいていのケースにおいてベストな選択です。

「決められない」ということは、「偶有性」の状況においては致命的です。

たしかに人生には、ゆっくりと熟考しなくてはならないこともあります。しかしたいていの場合、何かを決めたあとから「それが必ずしもベストの選択ではなかった」と悟るよりも、「決められない」ことのほうがよほど罪は重いと僕は思っています。頭の中で「どうしよう、どうしよう」と考えて一向に選択できないよりは、「えいや」と何かを決めてしまって行動したときのほうが、事態の不安定感は少ないものだからです。

「偶有性」の達人のひとりのモデルがいます。

それはマーガレット・ミッチェルの小説『風と共に去りぬ』のスカーレット・オハラです。あの小説の中で、彼女は本心ではレット・バトラーが好きなくせに、それになかなか気づかない。ずっとアシュレーのことが好きだと思っている。しかし彼女のすごいところは、次々とアクションを起こしていくところです。つまりあっけなく他の男と結婚していく。数回、よくわからない男と。

彼女のフィロソフィーとしてあるのは、結婚しないという決断も含めて、ふらふらしているよりは、何かを決断してそこに賭けたほうがいいというものです。それは「偶有性」という観点からすれば、極めて正しい哲学といえます。

人生の岐路で何度も迷いながらも、その都度何かを決断して自分の人生を賭ける。その体験を日々積み重ねることで、「偶有性」のレッスンは受けられるのであって、何も考えずにただ毎日を惰性で生きているというのは、もっとも「偶有性」の哲学からは遠いところを生きていることになります。

人間はさまざまな選択肢を前に「どうしよう⁉」と迷う機会を、なるべく多く持ったほうがいい。そして、〝正解〟がわからずとも、とにかく何かは決めてしまう。それで間違っていたら、そこで修正すればいいのですから。

「偶有性」が一番高い状態、それはいつだかわかりますか。

それは、赤ちゃんのころです。

Part 1-12

「偶有性」の達人、スカーレット・オハラ

【Check】

ピンチをチャンスに変えるコツ—その1

※あなたのピンチ対応力、チェックしてみよう

1 ひとつひとつの情報にあまり重きをおかない □

Hint ひとまず自分の前に並列に置き、自分の頭で改めて決断する

2 「もし○○だったら、どうする」というオプションをいくつも思い浮かべる □

Hint 前提となっている条件（「もし○○だったら」の部分）をよく検討する

3 情報の信憑性を冷静に判断する □

Hint 誰からの情報か
いつ、何に基づいてもたらされた情報か
どういう目的でもたらされた情報か
etc.……

4 パニックにならないでとにかく選択して決断し、行動する □

Hint 「自分がやるべきこと、できること」を知り、「まず行動すること」を習慣化させる

＝もっとも大切な偶有性のレッスン

人間誰しも、生まれおちたときというのが一番「偶有性」が高い時期で、幼い子どもにとっては毎日がほとんど「偶有性」の連続です。すべてが初めて体験することで、どれが〝正解〟かなどということはわからないどころか、考えもしません。

ところが大人になってくると、だんだん慣れてくることが増えてきて、日常生活においても、厳しい選択に迫られるということがなくなってきます。今までやってきた通りに、とりあえず前例に倣って行動しておけば大きな間違いはない。そのようにして人は次第に冒険をしなくなるのです。

13 どれくらい自分の人生にたくさんのピンチを持てるか

ピンチとはいったい何でしょう。

「彼と結婚すべきか」「彼女と別れるべきか」「この職種に就くべきか」「この会社を辞めるべきか」、ピンチとは、何が正解かわからない選択を迫られる瞬間のことです。

もし仮に、自分がどのような選択をしようとも、結局、結末は決まっている、という状況だとしたら……それはピンチの名には値しません。たとえば、放っておいても一カ月後には地球に小惑星が衝突してきてみんな死んでしまうとしたらどうでしょう。

そんなSFのような状況が仮に起こったとしても、「みんなが死んでしまう」というそのこと自体は僕はピンチとはいえないと思います。なぜなら自分にはどんな手段もなく、その結末自体を変えることができないからです。

むしろピンチとは、「もしあと一カ月しかないのだとしたら、その一カ月で自分は何をすべきか」という、そちらのほうの選択のことをいうのではないでしょうか。

ピンチとは、複数の選択肢の中で迷うことです。

しかし我々は、大人になるにつれて、どんな状況でもいつかは逃げられるということを前提にして生きるようになってしまう。ピンチがピンチにならない。一見ピンチのように見えて、それが自分の人生で重きをなすことはない。

自分の人生が常にピンチを迎えている、という状態は一見最悪の人生のように思えます。

けれどもその状態こそが、もっとも脳の発達には理想的な状態なわけです。

たとえばサッカー選手でも、サッカーの試合で四十五分間ならば四十五分間、ずっとピンチであると思ってプレーしている選手は伸びます。自分のところにボールが来たら、その一回一回が常にピンチで、どこにボールを出すべきか、それともキープしてドリブルすべきかという、まさに一瞬一瞬を大切にしている選手のほうが、「とりあえずまだ時間はあるし」と何も考えずに惰性でボールを蹴っている選手よりも、将来的にもずっと伸びるのは当然です。

どれくらい自分の人生にたくさんのピンチを見いだせるか。

それはあなたが「偶有性」のレッスンを享受できるかのカギになります。

14 GDP グロス・ドメスティック・ピンチ?

GDP、すなわちグロス・ドメスティック・プロダクト(国内総生産。その国の中で一定期間中につくりだされた富の総額)という概念がありますが、僕が最近思うのは別のGDP、つまりグロス・ドメスティック・ピンチのことです。

出会ってすぐの人であっても、少ししゃべればその人がどれくらい人生のピンチを経験して、それをうまく使ってきたかということはわかります。

しかし、今の日本国民はすべからくピンチのGDPが低い。

生きる上で良い意味でのピンチを奪ってしまう最大の原因。それは組織や肩書きに頼る社会常識です。自分が属している組織や肩書きによって自分自身を規定している人は、総じてピンチから遠ざかります。

養老孟司《ようろうたけし》さんが一時期こんなことを言っていました。

「東京大学教授の名刺は、中央に大きく東京大学教授と印字しておいて、その片隅に小さく自分の名前を載せておけばいいんだ」

それを聞いて養老さんという方はすごい人だと思いました。僕は師匠として尊敬しています。しかし時は移り変わり、すでに今は東京大学教授であること自体が、学者としてはリスクである時代になってしまったのではないでしょうか。

これぞまさしくピンチの問題です。

なぜなら日本では、東京大学教授であるということ自体が学者として自動的に認められるという、不思議なシステムが成り立っているからです。これは実は学者としては極めて危険な状態といえます。本来、学者というものは、どこの大学に所属しているかという問題よりも、自分がどのような研究成果を残したかによって判断されるべき存在です。百年のち、議論されるのは、「その人がどういう肩書きであったか」ではなく「どのような業績を残して人々に尊敬されるに至ったか」という問題です。肩書きと業績、そこにはまったく相関性はなく、ましてやどこの大学に所属していたかなどという問題は、まったく何の価値も与えません。

たとえば「俺は慶應大学出身だから」と言って安心している若者は、一生「俺は慶應だから」と言い続けるのでしょうか。それはあまりにもリスクの高すぎる生き方です。慶應大学出身者であることのリスク。

人はそこに安心を求めたいのでしょうが、安心とはすなわち脳の発達の停止を意味します。より成長するために必要なピンチからは遠のくからです。

もちろん、組織というものを機能的にとらえることもできます。たとえば「東京大学という組織を利用すればこういうことができる」からという理由で、具体的なアクションプランを思い描くのはいいことでしょう。それは東京大学という組織を自分のために活かすことになるからです。しかしそうではなく、何かの魔法の呪文のように、東京大学という名を繰り返して自分の安心立命を図ろうとするのは、間違いです。

婚活も同様です。結婚活動に励む女性たちは、「結婚=安定」と思っているのかもしれません。しかし結婚が幸せの方程式だと思っているとすれば、結婚して妻の座を手に入れたことによって、おそらくその人は自分の存在についての問いかけを忘れてしまうでしょう。それはそのぶん、その人にとってリスクを背負う結果になります。

人間の成長という観点において、その人の成長はそこで止まってしまうからです。

妻という地位を手に入れることが、たとえ喉から手が出るほど欲しいことであったとしても、その地位を手に入れたことによって、自分の存在は何なのかということについて、人は問いかけをやめてはいけないのです。

かつてはそれでもよい時代がありました。しかし今はそれは危険すぎます。先にもお話ししたように、我々とは一見何の関係もなさそうなギリシャの経済破綻が我々の生活を現実的に圧迫するような時代です。世界はあまりにグローバル化しすぎて、相互依存が増えすぎてしまったため、どんなに「偶有性」から逃れようとしても逃れきることはできずに、いずれは必ず影響が降りかかってくるからです。

ギリシャの財政危機で景気が変わったことにより、もしかしたら自分が解雇されるかもしれない。そんなことが普通に起こりうる時代です。もはやどんな立場になったとしても「自分とは何者であるか」という問いかけを忘れて生きていけるような贅沢《ぜいたく》はもう我々には残されていないのです。

15　純粋ジャパニーズ社会で生きることのリスク

とはいえ、もはや誰も安心できないということを、ネガティヴなピンチとしてとらえるか、あるいはそれはむしろ自分が成長するためのチャンスのピンチとしてとらえるかは大切な問題で、それは発想を逆転できるかどうかにかかっています。

論理的に見て、「正社員のほうがいい」とか「婚活して結婚する」ことを「勝ち組」といったりすることは、旧体制《アンシャン・レジーム》の最後のあがきでしかありません。

むしろ、発想を逆転させてみれば、結婚そのものが最大のリスクかもしれないのです。旦那がいつ解雇されるかわからないし、子どもを産むことだってリスクだし、育てることだって常にリスクが伴います。

僕もよくお受験産業の雑誌から取材を受けて、「勉強ができる子にするにはどうすればいいですか」というたぐいのことを聞かれます。そこでもやはり前提になっているのは、小学校受験、中学受験、高校受験、そして大学受験と、とにかくすべてを勝ち抜いて、いわゆる有名大学とされているところに入れようということであり、それが親たちにとっての最終目的になっているわけです。

ところが僕にいわせれば、日本の教育課程の中で、いわゆる有名大学に入れることが、はたしてその子ども本人にとって最適の解なのかというのは、はなはだ疑問です。日本社会の「部分最適」という意味においてはたしかにベストな選択かもしれませんが、これからますます流動化していく世界の中で、いかに輝いた人生を送るかという、より大きな文脈の中での「全体最適」を考えると、むしろリスクは高まるからです。

というのも、日本で一応、最高学府だと考えられている東京大学というところは、学部の入学生はほとんどが日本人で占められています。ちなみにハーバード大学は九パーセントほどはアメリカ国外からの新入生です。その数字が多いと思うか、意外と少ないと考えるかは人それぞれでしょうが、少なくとも新入生の約一割は国外からの人間で構成されているわけです。

では東京大学の学生のうち、約一割が外国人である図を想像できますか。

これはどちらが良い、悪いの問題ではありません。しかし、少なくとも学問を学ぶ場として、どちらを向いても同じ日本人の顔しかなく、日本語のみで講義が成り立つ大学で学歴を完成させるのと、さまざまな国から学生が来ていて、それらの人種のるつぼの中で多様な価値観を実地で学ぶのとでは、どちらが世界に飛躍するに足る人物に育つでしょう。

サンデル教授の「ジャスティス」という講義（以前ＮＨＫで『ハーバード白熱教室』として放送され、今はインターネットでも見ることができる、ハーバード大学のマイケル・サンデル教授の名講義「Justice（正義）」のこと）を聞いた日本の学生は、みんなあせると思います。それは、自分たちが日本の大学で受けている授業とは、あまりにもレベルが違うからです。

サンデル教授の授業に出席している学生は、理路整然と自分の主張を述べ、それと違う意見を持つ学生もまた、批判的思考を持って議論を戦わせています。サンデル教授の授業で行われているような、クリティカルシンキング（批判的思考）は、ピンチを切り抜けるためのひとつの道具ともなります。

本来、大学とはサンデル教授のような授業を四年間かけてみっちりと行って、どんな相手とも対等に議論をし、交渉していける能力を身につけることが役割だと思います。しかし、残念ながらサンデル教授のような授業は、日本では一切行われていない、というのが現状です。

このような空気の中で、さまざまなバックグラウンドを背負っている人の意見を吸収しながら育っていく教育を受けた場合と、純粋ジャパニーズの仲間に囲まれ、純粋ジャパニーズの教授の講義を受けて、純粋ジャパニーズのみが働いている「有名」企業に就職する場合とを比べてみてください。後者はやはりあくまで「部分最適」であって、これからの世界においては「全体最適」とは呼べません。

そのような環境において子どもを育てることのリスク。これは数十年後、取り返しのつかない事態を招くかもしれないという意味で、かなり危険な選択なのではないでしょうか。

16 ニコール・リッチーと尾崎豊

アメリカンセレブの中に、ニコール・リッチーという女性がいます。有名シンガーソングライター、ライオネル・リッチーの養女で、パリス・ヒルトンとずっとつるんでファッションアイコンとしても、さまざまなスキャンダルを次々に提示するという意味でも、とにかく有名な女性です。

彼女はライオネル・リッチーのバックミュージシャンだった人の子どもで、養女になってからは、とにかくわがまま放題に育てられました。六百億円くらいの遺産相続の権利があるそうで、要するに働く必要はまったくない。

ティーンエイジャーのとき、ライオネル・リッチーに無断でパリス・ヒルトンと一緒にラスベガスに行き、彼のカードを使いまくって買い物三昧《ざんまい》はするわ、ドラッグはやるわ、酒は飲むわ、とにかくあらゆることをやりたい放題しまくりました。が、その後結婚して子どもができた今、アメリカのティーンエイジャー憧れの主婦となっています。自分のファッションブランドを持って、押しも押されもせぬ人気者になって、憧れの主婦ナンバーワンになっている。

要するに、ここでも「部分最適」が必ずしも人生において一番重要なことではないという、極端な例が示されています。

十代のころ、おとなしく学校に行って授業を受けて勉強するということは「部分最適」ではもっとも大切なことですが、それを一切しなかった彼女が、結局人生の流れを見ると、最後にはすべてのつじつまを合わせてしまっている。「全体最適」から見たら、「結構悪くない生き方だったんじゃないの?」と思わせてしまう。

二十六歳の若さで亡くなったシンガーソングライター尾崎豊が高校卒業の前日に学校をやめてしまったことだって、「部分最適」の観点からいえば最悪の選択ですが、「全体最適」から見れば、その行動こそが尾崎豊伝説の一部となって、いまだに彼の思想は引き継がれてきているわけです。

17 どんな人生を歩もうとも、そこには必ずリスクが潜んでいる

人生の「勝ち組」「負け組」。僕はこの考え方は「罠」だと思っています。人生の罠。「部分最適」のみを見て、それが同時に「全体最適」であるかのように思わせる罠です。

Part 1-17

どんな人生を歩もうとも、そこには必ずリスクが潜んでいる

【図解】
世界の真実と部分最適の罠

どんな人生の選択をしようとも
必ずそこにはリスクがある
＝偶有性の存在
世界の真実
部分最適の罠
この選択をすれば
人生勝ち組！
日本人の典型

教育にしても結婚にしても、「これさえクリアすれば人生『勝ち組』」という短いスパンでの「部分最適」を、日本人は安易に前提にしすぎています。

そこには、あらゆる意味での不完全情報が、まったく考慮に入っていません。もしかしたら結婚した相手がとんでもないDV男かもしれないし、自分が産んだ子どもがものすごくぐれるかもしれないし、優等生になって有名大学に行っても、それ自体がそもそも罠である可能性があります。

少なくとも僕は、これまで大学卒業後にやってきたこととは、それまで受けてきた教育をすべて忘れることだったのです。それまでの教育で骨の髄までたたき込まれたことをすべて忘れなければ、今、僕は、外国人の仲間とは付き合っていけません。

かつて「大蔵省に入って、三年後には税務署長になって、地方の名士の娘をもらって……」というようなことを言っていた人間は、今輝いているでしょうか。

日本の社会の中で「部分最適」としては成功している人間に、国際会議の場で発言させると、目も当てられないというケースは少なくありません。

だからリスクが高いと思うのです。日本の教育の中で、これがエリートコースだ、といわれているようなコースに進んで、そこでの勝ち組になることは。これからの国際社会を考える上ではものすごくリスクの高い生き方になる。僕はあまりお勧めしません。

その意味では、いわゆる「三高」、高学歴・高収入・高身長でしたっけ、そういう男と結婚することの女性のリスクも、一度お考えになることをお勧めします。

別に僕は一生独身でいることを勧めているわけではありません。独身でいることのリスクもあるでしょう。

ただ要するに、日本人の考え方の典型が「ある選択さえすれば、すべてその他の問題も同時にクリアされる」とするところにある、ということを知ってほしいのです。

どんな人生の選択をしようとも、そこには必ずリスクがある。

そんな真実を教えられることなく、生きる上であたかも「偶有性」など存在しないかのように教えられて、これまで日本人は生きてきた。そのため、今あらゆることが「ガラパゴス化」して世界から取り残されようとしているのです。

18　賞味期限切れの日本システム

もうひとつ、日本人の困った癖があります。それは、自分や社会の決めた〝正解〟を敬うあまり、そこから外れた人を非難する、というものです。

「これが人生の正しい生き方だ」と、あたかもそれが善意で教えてあげているといわんばかりに、幸せの方程式を他人に押し付ける。「今からだったらまだ修正できるから、私の定義するところの幸せな世界に入るためにはこういうことをしなければいけないよ」と。

これは日本社会でよく見られる典型的な行動パターンです。学者社会でも、企業社会でも、結婚でも就職でも学校教育でも。

しかし、その前提が間違っていることはすでにこれまでも見てきました。

何が〝正解〟であるかは、そんなに簡単にわかるものではありません。のみならず、ある人にとっては〝正解〟な生き方でも、他の人にとってはまったく正解でないことだってあるのです。

これは一種、日本独特の風土病だと思います。メンタル面での風土病。そのように教えてあげることが正しい振る舞いだと心から信じている日本人。社会が規定した〝正解〟に疑問を一切抱かないこと。その中で、自分独自の価値観で生き、オリジナルな選択をする人は、かなり大変な思いをします。多勢に無勢。日本は長いものに巻かれているほうが、楽な社会なのですから。

たしかにこれまでの時代は、そのような幸せの方程式に従って生きることで、社会全体が機能してきたという側面があります。たとえば先ほどの東大に入って大蔵省にトップの成績で入ることが良いことだとされてきた時代には、それに洗脳された若者が必死になって勉強して、公務員試験で良い成績を取る。そのようなある種の能力を持った人たちが、ある時代には実際に日本の政治を動かしてきたわけで、そこにおいては「部分最適」はきちんと機能していたのです。

同時に、その時代までは、女性の生き方も今ほどには選択肢をいろいろ考えなくてもよかったのかもしれません。いわゆる一流企業に勤めている男性と結婚して、子どもを育て上げ、その子どももまた良い学校に入れ、その子どもが今度は一流企業に入って社会を回していくというサイクルができていたからです。ある種の努力型クオリティが社会の中でつくられ、また機能していたということですが、残念ながら、今の社会ではもうそれは機能しなくなっているのです。

一九九五年以降の日本の経済停滞として、それはすでに如実に表れています。日本のそのようなシステムはもう賞味期限切れなのです。

では、どのようなシステムに移行していけばいいのでしょうか。

たとえば現在の日本社会で「負け組」といわれているような人たち。一見して社会の落後者。でも彼らは逆に世界的な視点で見れば、オリジナルな生き方を選んでいる個性的な人かもしれません。

経済がソフト化してネットワーク化している現在、たとえばアメリカのようなIT先進国で明らかになっていることは、そのようなアウトサイダー的な人材をうまく社会に取り込んでいく戦略が取られているということです。経済が活性化して、イノベーションを社会に巻き起こすような人物は、決して画一化された教育でおとなしく育ってきたような人材ではなく、破天荒な人生を歩んだ独自の価値観を身につけた人物であることが多いのです。

アウトサイダー、落後者、規格外の人……。さまざまな呼び方はあるでしょうが、そのような人たちを活かせないというのが、日本社会の行き詰まりの直接的な原因になっていると思うのです。

19 シーラカンスは生き延びられたけれど

もしこのまま日本がシーラカンスのようにずっとこれまでと同じことをやり続けていくとしたら、事態はどうなるでしょう。

日本が経済的に停滞しているとはいえ、今でもそれなりに生活水準は悪くないわけですから、そのままそれなりになんとなく時は流れていくでしょう。

このまま地味に存在していく。それはそれでひとつの選択肢としてあり得ることです。しかしそれですら、もはや持続可能なものであるかははなはだ疑問です。

日本がこれまで得意としてきたものづくりの世界でも、今や隣の韓国がどんどんその能力を向上させてきています。そのあとに続く中国のエネルギーだってすごいものです。日本の富の源泉であったものづくりの世界が、もはや危うくなってきている。日本がこれまでずっと固執してきた幸せの方程式自体が、持続可能なものではなく、崩れゆく一歩手前に来ているのです。

でも、地球の自然というのは意外と優しい、シーラカンスだって同じような生き方をずっと続けてきて何億年も存在し続けてきたのだから、日本人も同じようにこれからも生き残れるかもしれない、と言う人もいます。

しかし僕はそう思わない。なぜなら地球は優しくても、その地球に住む人類の社会はそこまでは優しくないからです。日本人がこれから先、これまでと同じような地位に居続けて、何十年何百年と存在し続けられる、などということは、僕には到底無理に思えます。

むしろ今の段階で開き直り、人生には〝正解〟などないんだということを、日本人全体が身にしみてわかるだけでも、これからの状況は全然変わってくると思うのです。

20 生活のセキュア・ベースは確保する

さて、ここからは少し各論に移っていきましょう。

そうはいってもピンチに直面するのは嫌だよ。なるべく平和に生きたいよ、という人のために、ピンチに陥ったときにどう対処すべきかという具体的なお話を。

目の前にいくつかの選択肢があり、どれを選んでいいのかわからない。かといって、現状維持が一番まずい気がする。それだけはたしかである。では、選択肢の中からどれを選んだら一番いいのだろうか。

さまざまな状況を横並びにして決められるのであればいいのですが、やはりなかなか自分で決められないときもありますね。かといって友人たちに聞いて回っても、混乱するばかりで決定打が出てこない。それどころか、新しいことに挑戦するのは避けて、一番無難な現状維持を勧められることだってあるかもしれません。迷った末に何も決断しないことはもっともまずい手であることはこれまでも見てきました。

このようなとき、僕がお勧めするのは、「一番面白そうな道を選べ」ということです。

「迷ったら一番難しい道を選べ」と言ったのは、僕の尊敬するアインシュタインですが、僕がもっとお勧めするのは、「一番面白そうな道を選ぶ」こと。「面白そうだ」と感じるということは、もっともその道に「偶有性」が多く潜んでいる可能性が高いからです。

「面白そう」と「好き」な道、とは少しニュアンスが異なります。「面白そう」とは、むしろチャレンジがたくさんありそうな道です。

つまり、みんながどうしてゲームが好きなのかということを考えてみましょう。ゲームには「偶有性」が満ちているからです。ルールは一定だけど、その回ごとに結果は違う。いつやっても百パーセント負けるゲームなど面白くはありませんよね。だけどそれと同じように、いつやっても百パーセント勝つゲームも面白くはない。

勝つかもしれないし、負けるかもしれない。その絶妙なバランスこそが「偶有性」であり、それがあるからゲームは面白いわけです。

それと同様に、人生においても絶対安全で確実な道などにはそれほど脳は刺激されないのです。「面白い」と感じない。そうではなく、「この道を行ったら、もしかしたら相当な困難が待ち受けているだろうけれども、もし勝てたら絶対嬉《うれ》しいだろうな」

はしてくれる秘訣なのです。

という道を選ぶ。それが〝正解〟がわからない中でも、とりあえず人生を「面白く」

ただここで、ひとつ注意しておきましょう。

状態です。

くどいようですが「偶有性」とは、確実なことと不確実なことが混ざり合っている

うと、面白い道を求めるあまり、確実性がまったくゼロの道に進むのは間違いだとい

うことです。全部が不確実で、その結果本人が死んでしまったら意味はないのです。

それはつまり、現実的な自分の生活を確保するために仕事をするというのは、決し

て悪いことではないということです。むしろ「偶有性」のためには必要なことですら

あるのです。極端な例でいえば、アップル社元CEO（最高経営責任者）のスティー

ブ・ジョブズのように、面白い仕事をやった上に、きちんとした収入が入るというの

は、最高です。

若い人で、「俺は会社なんか入りたくない」「なんかいろいろ自由にやって生きてい

くよ」と言う人もいますが、それで実際に「自由にいろいろやれる」かというと、現

実問題としてそれはありません。先ほどのニコール・リッチーのようなお金持ちとい

うなら話は別ですが、そうでない限り「好きなことをやる！」と宣言した結果、数年後には生活のためにアルバイトに追いまくられている……という現実を味わう羽目になるのです。

現実的なところで考えると、「偶有性」を味わうためには収入も必要です。むしろそれがないと、不確実という勝負に打って出ることもできません。「面白い」と思うことをやろうと思ったら、ある程度の生活上のセキュア・ベースも必要となるわけです。逆説的になりますが、そこのところで確実性を持っている人ほど、その上に不確実性を積み重ねていくことができるのです。

より現実的な例をお話ししましょうか。十万円と百万円と一千万円。それぞれどの金額が手元にあるかによって、チャレンジできることの規模は変わってきます。十万円では、何かを起こそうにもなかなか範囲は限られてきます。「旅に出よう！」と思っても、日本国内か近くのアジアまでが精いっぱい。百万円あれば、もっとその行動範囲を広げられます。新しいことを一から学ぶための資金にもできるかもしれません。さらに一千万円あったら。勇気さえあればかなりのことにチャレンジできます。

要は、これが「偶有性」の中の確実性ということです。リアルにお金という確実性があるから、その上にチャレンジという不確実性に挑むことができる。この確実性がゼロであれば、人はまずそこを得るところからスタートしなければならないわけです。

ですから僕がさんざん「偶有性」を求める人生を歩めといっているのは、決して正社員になるなとか、働くな、ということではありません。人生は「面白いこと」を選ぶべきですが、「面白いこと」を優先するあまり、自分の生活が維持できなければ結果としてその「面白いこと」もあきらめざるを得ないので、結局はそこのバランスは取りつつ、確実性を元手にリスクを背負え、ということなのです。

セキュアな部分と、インセキュアな部分。それが両方あるという状態が、一番持続可能で面白いことなのではないかと思います。そうでなくて、明日のご飯もなくて死んでしまったら元も子もないわけですから。

21 精神的に支えてくれる人の存在

経済的な不安定さに加え、精神的な不安定さについてはどうでしょう。

これは一概にはいえませんが、やはり女性に精神的な不安定さを持つ人が多いようです。

あくまでこれは、個人的観察事例から申し上げることなので、一般論とは合致しないかもしれませんが、いざというときに支離滅裂になるというか、非常にエモーショナルな行動に出るというか……。

これはある程度は生物学的な説明もできると思うのです。一言でいえば、男の場合は精神的に不安定になってあれこれ言っても、誰も助けてくれないけれど、女性の場合は誰かが助けに来てくれる可能性がある、ということなのではないでしょうか。

とりあえず何かを訴えれば、誰かが助けに来てくれる……可能性が高い。男はそこのところは訴えても仕方ないということを最初からわかっているので、自分ですべてやっていると。

ただ、これは男女を問わず、実際に助けに来てくれるか来てくれないかは別としても「常にあなたのことを見守っていますよ」という周囲の人の存在というのは、大きな心の助けになるものです。

僕がアイスランドの噴火で帰れなくなって心細かったときも、実際に僕に代わって帰国の便を確保してくれる人はいなくても、ツイッターなどで一言「大丈夫？」と言ってくれる人がいたり、「こういう情報がありますよ」と教えてくれる人々の存在というのは、非常に大きいものがありました。

現実的、かつ経済的なセキュア・ベースとはまた別に、このような精神的なセキュア・ベースも、リスクに立ち向かうときに大きな心の支えになるのです。

ツイッターの話が出たところで、少しこの種のお話をしてみましょう。

僕の友人で理化学研究所時代の同僚の田森佳秀《たもりよしひで》という男が言っていたのですが、日本とアメリカのネット文化の違いで顕著なところは、初心者が何か困ったことがあって、それを掲示板に書き込んだときの人々の対処の違いだというのです。

日本の場合は、親切に教えてくれる人もいますが、「こんなことも知らんのか」「こんな初歩的なことは、自分できちんと勉強しろ」というたぐいのコメントも多く混ざってくる。これも日本特有の文化なのですが、とにかくそこで質問したことに対して事態が進展しない。

ところが同じことを英語の掲示板に書き込むと、ピンポイントで必要な情報だけが提示される。それで「やってみてできました、ありがとう」と質問を載せた人もあっさりと礼を言い、サクサク物事が進んでいく。

この差も日本独自のメンタリティーを浮き彫りにしています。問題の解決そのものよりも、「どちらがどちらより、優位であるか」ということをこんなところでも確認したい欲求に駆られる人々がいるわけです。

22 助言はプラクティカルに与えよう

これは先ほどの幸せの方程式の話にも当てはまります。

「早く結婚したほうがいいよ」と既婚者の友人が未婚者の女性に勧める。あたかもそれが善意であるかのように。でももし自分がすでに得た（と本人は思っている）幸せへの切符を友人にも与えようという善意があるならば、幸せの方程式がどう成り立っているかを説明するよりは、よりプラクティカルな助言をきちんと提示すべきではないでしょうか。

たとえば出会いがある場を具体的に提示するとか、誰かを紹介するとか、あるいは「何も今焦って出会いを求めなくても、自分の仕事は仕事できっちりやっておけば収入面では安定するわけだから、今は仕事をがんばったほうがいい」と冷静に助言するとか。

つまり、この女性は友人に幸せの方程式を教えてあげようとしながらも、実は自分の優位性を自ら確認するためにこの友人を利用していることだってあるのです。

要するに、助言は、それが物事を一歩進めるような具体的な方向へのステップでなければ意味はないのです。

学者の世界でも、「誰が専門家か」という議論で長い時間が費やされることがありますが、これはまったく意味をなしません。「そんなことよりそのテーマについてそれぞれ思うところを述べようよ」と思うのですが、「これは私の専門ですから」あるいは、「専門外ですから」というところで延々と無駄な時間を垂れ流している。

このような、問題となっているテーマに直接的にアプローチせずに、その周辺にいて、説教くさいところから物事が始まるという、日本特有の精神はどこからきているのでしょう。

日本は歴史の長い国です。それぞれの時代のスパンも長い。憲法でさえ六十七年間変わっていません。変えるのが良いか悪いかは別として、「世の中は変わらないものだ」ということを前提にして僕らは生きているのではないでしょうか。

実際に「変えよう」と努力するよりも前に、「変わらない」ことを前提にして、それに対する不満を口にしたり、ぶつぶつ難癖をつけたりする。「じゃあ、不満をいわなくてもいい社会にするためにはどうしたらいいか」という具体的なアクションプランに結びつかないのです。

でもそれは「偶有性」に対する態度としては、あまり面白いものではありません。

むしろ積極的につまらない生き方です。

実際、「偶有性」を認めようが認めまいが、世界はそのようになってきてしまっているのです。「偶有性」に背を向けて、これからも生きていけるのであれば、それは個人の自由を尊重するという意味でも、認めるにやぶさかではありませんが、事実としてはそれはもう不可能になってきてしまっているのです。

日本の鎖国時代は終わりました。あらゆる世界が情報的にネットでつながるようになってしまったからです。

これまでの日本社会には、それなりの安定がありました。誰かその場にいない人間の悪口を言っているのでもよかった。実は悪口にはある効用もあって、その場にいる人間たちのお互いの結束力を高める機能を果たしています。たとえば誰かがいなくなって、その人の悪口を言うと、お互いに「同じことを思っていたんだ」と感じて一時的に結束力は高まります。

それがこれまでの日本の出版メディアの特徴だったのかもしれません。

日本人が日本人のために日本語で書いた本。そこでいくら外国人の悪口を書いても、読むのは日本人だから外からは何もいわれず、日本人同士の結束力は固くできる。韓国の悪口、中国の悪口でも同じです。しかし、それはどこまでいっても「悪口」の域を出ません。

もし何らかの批評をきちんとしたいのであれば、韓国、中国、その他の外国でもかまいませんが、彼らがきちんと読める言語で書いて発表するのでない限り、それは相手にも届く「批評」にはなりません。日本語で書いて確認されることは、「我々は日本人で、仲間だね」ということだけなので、それは現状を変える努力ではなく、仲間意識を高め、結束を確認することにしかならないのです。

23 これからは自由人には楽しい時代になる

これからは「ピンチをチャンスに」変えていく自由人にとっては、面白い時代になるでしょう。やっとそういう時代になったのです。

日本ではいまだに、「権威」に弱いところがあります。

「本を書くなら〇〇出版でないと」、そのような言い方をしている人がいまだにいることに、先日僕は驚いたばかりです。

「内田樹《うちだたつる》さんは面白い」という話をしていたところです。

「でも彼は〇〇出版からまだ本は出していませんよね」という答えに、僕は「えっ？」と数秒間絶句したものです。いまだにそういう考え方が残像のように生き残っていたのか、という驚きでした。

ポール・クルーグマンやミルトン・フリードマン。彼らはノーベル経済学賞を受賞しましたが、彼らがこれまで書いてきたようなことを日本人が日本の学界で発表しても、「あいつは学者ではない」という烙印《らくいん》を押されて終わりだったことでしょう。クルーグマンは相変わらずニューヨークタイムズでコラムを書いていますし、フリードマンも、いろいろ面白いことを書いている。

しかしもし彼らが日本人だったら、

「でも彼は○○出版から本を出していないでしょう」といわれる。

ところがそのように評価する人々のおかしなところは、ノーベル賞というさらなる「権威」の前にはひれ伏す、ということです。○○出版をあくまで崇め、「ノーベル賞なんてくそくらえ」というならば、それはそれでアナーキーな態度を貫いているわけですから、尊敬に値するかもしれません。しかし、そうではなくノーベル賞には無条件で「恐れ入りました」となるのではどうしようもない。

作家の村上春樹さんの扱いも同じです。日本の文壇においては長らく彼の存在を認めない雰囲気がありました。しかしノーベル賞をもらうかもしれない、となった途端に「申し訳なかった！」という空気に変わってしまった。わかりやすい国だと思います。

実質的に自分たちが判断するのではなく、とにかく権威に弱いという意味で、絵に描いたような権威主義的な国です。

人間というのは、自分がやろうとしていることをいちいち邪魔されていると、「ひょっとしたら俺の考えは間違っているのかな」と弱気になってしまうものです。

僕も昔はしょっちゅう思っていました。

しかし外国に出ると、そうでもない。別の価値観、別の世界、自由な空気がそこにはあることに気づいたのです。

「ああそうか、日本の常識は世界の非常識なんだ」

そう気づいたのは、二十代から三十代にかけてのことでした。

それでもその後も「日本では世界とは違う論理があって、日本にいる限りはこの論理に従って生きなくてはいけないんだ」とずっと思ってきました。

しかしそれもインターネットの登場で、覆されました。日本にいようと外国にいようと、すべての情報はつながり、精神的な国境の概念が薄れてきたのです。

それが、グローバリズムということなのではないでしょうか。日本の中にいても、

【Check】
ピンチに立ち向かう3つのアドバイス

※あなたの現状、チェックしてみよう

1 一番面白そうな道を選んでいるか □

Hint 面白い道＝偶有性に満ちた道

2 心身両面のセキュア・ベースを確保しているか □

Hint 経済的なベースは確保できているか
精神的に支えてくれる人の存在はあるか
その確実性を元手にリスクを負えるか

3 解決のためのプラクティカルな助言を得ているか □

世界の論理がだんだん届くようになってきた。

「偶有性」に対する文化は、国によってそれぞれです。

日本に限らず、いまだに「偶有性」に向き合えていない国というのは他にもいろいろあります。

どこの文化がこれから勝者となっていくのか。

少なくともアメリカの文化は現時点では、エンターテインメントとITの分野においては勝者となっています。

イギリスの動物行動学者、リチャード・ドーキンスの「ミーム（文化的遺伝子）」の概念ではありませんが、時代の競争の中で、あまりにも使い勝手の悪い「ミーム」は時代から追いやられるというのが現実です。

願わくば、その「時代から追いやられた国」として日本が歴史に刻まれることだけはなんとしても避けたいものです。そのためにこそ、僕は本書にて、これからの時代を楽しみつつ「ピンチをチャンスに変える」術を語っていきたいのです。

Part 2

挑戦し続けることで脳は変わる

01　惨めで恥ずかしい状態こそ脳が成長するチャンス

テレビの討論番組などを見ていて一番つらい状態というのは、発言者自身が持っている資質や経験、知識から見て、その人がこの場で発言するのはどう考えても無理だという状況ではないでしょうか。

二〇〇七年のことなのですが、リサ・ランドールというハーバード大学教授の理論物理学者が来日し、東京大学で講演したときのことです。僕は彼女と対談をしたり、司会のようなこともしていたのですが、質疑応答の時間になったときに、中年の男性がリサ・ランドール博士に質問しようとして、でもその途中でランドール博士が言っていることは、自分にはあまりにも難しくて質問できないと気づいたみたいで、しどろもどろになってしまったことがありました。

ランドール博士は、ハーバード大学、マサチューセッツ工科大学、プリンストン大学と三つの大学の物理学部で、女性初の終身教授になった人で、物理学のニューヒロイン、もっともノーベル賞に近い人として注目されています。おまけに、女優のジョディ・フォスターにも似た風貌といわれるほどの美人です。

ランドール博士に質問しようとした男性は、そんなすごい人だから、何か聞きたかったのでしょう。しかし、専門家でもない限り、彼女の専門とする五次元空間理論や量子重力理論について質問することは難しいと思います。

この男性のように、自分の持っている知識などの深さからして、無理をしている状態を、英語で「アウト・オブ・ワンズ・デプス」といいます。この「アウト・オブ・ワンズ・デプス」の状態こそが、誰にとっても最大のピンチなのです。

なぜ、ピンチなのかというと、誰でも、自分に知識や経験がないことがばれてしまうのは、ものすごく恥ずかしいことだからです。そして、自分に知識や経験がないということが実際にばれたとき、周りの人から馬鹿な人だと思われるのは、とても惨めなことでしょう。けれども、だからこそ成長のチャンスがあるのではないか、と僕は思います。

ずいぶん昔のことですが、バリ島に行ったとき、経験もないのに講習も受けずに、いきなりウィンドサーフィンをやったことがあります。「まあ、なんとかなるだろう」と、高をくくって講習を受けなかったのです。そのような気持ちで、沖に出てしまったら、あとが大変で、周り一帯はサンゴ礁というところに入ってしまい、身動きがとれなくなって浜に戻れなくなってしまいました。正直、「もう、だめかもしれない」という絶望的な気持ちになっていたときに、モーターボートに乗った地元のお兄さんが現れて、助かりました。

そのとき、助かった安心感よりも、自分の器以上のことをしてしまった自分自身に対してすごく恥ずかしかった。こういった経験は、まさに「アウト・オブ・ワンズ・デプス」といえます。「アウト・オブ・ワンズ・デプス」は、すごく恥ずかしくて、惨めなことです。たしかに、そうなのですが、そこで人間は、成長するきっかけを得られるのです。

02　ピンチになると脳がそれを乗り越えようとする

「アウト・オブ・ワンズ・デプス」が、成長のきっかけになるとは、どういうことでしょうか。

たとえば、僕は今だいぶ図々しくなっているから、テレビの生放送に出演しても、緊張してあがってしまうことはめったにありません。ですが、最初にテレビに出たときは、とても緊張したことを覚えています。

どんな人でも、自分が今まで経験したことのないまったく新しい状況になると、つまりそれはまさにピンチに陥ると、ということですが、緊張します。それは「この場をなんとかうまくやってやろう」と脳が自分を高めようとしている状態にあるからなのです。

つまり、「アウト・オブ・ワンズ・デプス」が、成長のきっかけになるのは、脳の状態を自らを高めようとする方向に持っていくことができるからです。

ただ、そのときに注意しなければいけないのは、緊張すること自体は悪くないのですが、たいていの場合、緊張しすぎると、その場をうまく切り抜けられなくなってしまうという点です。

NHKの『プロフェッショナル 仕事の流儀』という番組で、まだテレビに出ることに慣れていなかったころの失敗談なのですが、番組でアナウンサーの住吉美紀《すみよしみき》さんと話すときに、住吉さんの顔を見るのが恥ずかしかったので、つい目をそらしていました。すると、副調整室にいるプロデューサーから「視聴者は何をしゃべったかじゃなくて、茂木さんの視線の動きを見ているから、話し終わったあとは、住吉さんの目を二、三秒見つめていてください」と言われ、すごく困ってしまいました。

その他にも、緊張しすぎて力を発揮できないことがあります。それは、決まったセリフを言うこと。『プロフェッショナル』の収録でも、スタジオで決まったことを言わなければいけないことがあって、そのときはものすごく苦痛で、緊張してしまいます。その決まったセリフを言うだけなのに、何回も撮り直して、あとで思えば収録の苦労の半分はそれだったということもありました。このように、自分にとって苦手なことをする場合も「アウト・オブ・ワンズ・デプス」になるわけです。

「アウト・オブ・ワンズ・デプス」の例をもうひとつ挙げると、高校に入学した当初の状況は、僕にとってまさに「アウト・オブ・ワンズ・デプス」でした。

僕は、中学までは埼玉の田舎の公立小・中学校に通っていたのですが、中学までの僕は、勉強ができても周りの友だちにガリ勉だと思われるのが嫌で、自分から進んでお笑い役に徹していました。

それが、高校に入学するとそうもいかなくなってきます。高校は東京の山の手にある国立の進学校。周りのみんなは、僕が、お笑いでごまかす必要などまったくないくらい、普通に勉強ができて、しかも会話にはドストエフスキーだとか、ニーチェだとか、オペラの話が出てくる。当時の僕は、もちろんオペラなんか見たことがないから、完全にみんなの話についていけません。

高校二年のとき、クラスでオペラを上演することになりました。ウェーバー作曲の

『魔弾の射手』という演目で、僕は照明担当でした。練習初日に、僕が原色のスポットライトをぱっと当てると、それを見ていたクラスの女の子のひとりが僕のところにやってきて「茂木くん、まさか本番でも、あんな色の照明使うつもりじゃないでしょうね」と言ったんです。僕は、そう言われてもその照明の色のどこが悪いのかさっぱりわかりませんでした。

困ってしまって、友だちに「俺、オペラって見たことないんだ」と正直に言うと、ベルリン・ドイツ・オペラの来日公演のパンフレットを持ってきてくれて「オペラっていうのは、こういうものなんだ」と言って教えてくれました。

みんながオペラを知っているときに、「実は、オペラを見たことがない」と言うことは、すごく恥ずかしいことですよね。でも、そのときに「知らない」と素直に言って、徹底的に惨めになることが、すごく大事だと思うのです。

03 負けてもいいから挑戦するほうが輝ける時代

実は、惨めな気持ちというのは、自分を成長させる一番のチャンスなのです。

僕は、自分の今後の活動拠点を海外に移そうと考えています。すなわち、それは英語で表現することを意味します。どうせ英語で表現するのなら、中途半端なものではなく、リチャード・ドーキンスやチャールズ・ダーウィンのような自分が心から尊敬できる人たちのような英文を書きたいと思っています。

リチャード・ドーキンスは、動物行動学者ですが、『利己的な遺伝子』（リチャード・ドーキンス著　日高敏隆、岸由二、羽田節子、垂水雄二訳　紀伊國屋書店　一九九一年刊）をはじめとする一般読者向けの科学書を数多く発表しており、彼の書く英文は本当に素晴らしいものです。

そのドーキンスの英文のひな型はどこにあるのかというと、進化論で知られるチャールズ・ダーウィンなのです。『種の起原』（チャールズ・ダーウィン著　八杉龍一訳　岩波文庫　一九九〇年改版）に代表されるダーウィンの文章は、知的で、文章に力があり、それでいて事実をきちんと伝えている。

今の僕が英語で文章を書いていくときに、ドーキンスやダーウィンのような英文を書くには、どう書いたらいいのだろう、と考えるのは、完全に無理をしている状態、つまり、「アウト・オブ・ワンズ・デプス」です。このまま英語の文章を磨いていけば、そこそこのレベルには達するかもしれない。でも、ドーキンスやダーウィン・クラスの英文となると、本当に難しいだろうな、と思います。

そんなことを考えていたある日、僕が海外に活動の拠点を移したいと考えていることを知った編集者の方からメールをいただきました。そこには「茂木さんが、海外に出て行って英語で勝負して、結局はコテンパンに打ちのめされて、負けてしまってもいいと思っているんですよね」というような内容のことが、平然とした感じで書かれていたんです。

そのメールを読んだとき、「この人はなかなか俺のことをわかっているな」と思って思わず苦笑いしてしまいました。

コテンパンに打ちのめされて、徹底的に惨めな気持ちになって負けていく姿自体が、自分を成長させるために必要なひとつの学習なのです。

たとえば、ボクシングの試合で、相手に完膚なきまでたたきのめされて、それでも相手に立ち向かっていく姿というのは、人の生き方として美しい。なぜ、美しいのかというと、コテンパンに負けてもいいからとりあえず挑戦する人は、それだけ真剣に生きているからです。

コテンパンということで、ひとつ思い出すのは、僕の尊敬している友人が、まだ大学生だったころの話です。その当時の彼には、彼女はもちろん、一緒に飲みに行ってくれる女の子の友だちさえもいないという、まったく女っ気のない生活だったそうです。

あるとき、彼はそんな生活に寂しさを覚えて、盛り場で「一緒にお酒を飲みませんか」と道行く女の子に、次から次へと声をかけていったという。彼が声をかけると、女の子たちは、じろっと彼を値踏みするような目で見て、何も言わないで去っていった。その晩、彼は何十人もの女の子に声をかけたにもかかわらず、結局誰にも相手にされず、完膚なきまでに負けたわけです。

はっきり言ってそんな状況は、ものすごく惨めです。盛り場で道行く女の子に声をかけて、じろっと値踏みされて去られる。こんな惨めなことはないのですが、それでも、それをやらないで家でうじうじ悩んでいる奴《やつ》より、だめだとわかっていても声をかけている奴のほうが伸びていくのではないかと思います。

「どうせ自分にはできない」と自分に言い訳して、挑戦しない理由を探すことは簡単です。それは英語に関しても同じことで、日本人で英語ができる人は、インテリと呼ばれる人の中にもあまりいません。そういう人は決まって、英語ができない理由を正当化して「英語の植民地主義は良くない」とか「日本語には、日本語の立場がある」というようなことを言います。でも、僕からいわせれば、それは挑戦しないことの言い訳にしか聞こえません。

これからは、挑戦しない言い訳を自分の中で勝手につくって、自己を正当化する人よりも、コテンパンに負けてもいいから挑戦する人のほうが輝ける時代ではないでしょうか。

04 「アウト・オブ・ワンズ・デプス」と「ド忘れ」の違い

では、今の自分が持っている経験や知識では、この状況にはどうしても太刀打ちできないことが明らかだという「アウト・オブ・ワンズ・デプス」状態のとき、脳はどのようになっているのか。

一言でいうと、「すっからかん」の状態です。たとえば、ここでいきなり一般相対性理論の微分方程式を解いてください、と言われたら、自分にはできないということがわかりますね。どんなに考えても、自分が今持っている知識、経験を総動員しても解けない。

つまり、少し考えればわかりそう、とか、知っているはずなのに出てこない「ド忘れ」の状態と、「アウト・オブ・ワンズ・デプス」の状態とはまったく違います。本当に、一般相対性理論についての情報がひとかけらもない状態。これが、「アウト・

オブ・ワンズ・デプス」のときの脳の状態なのです。

リンカーン大統領が「人民の、人民による、人民のための政治」という演説を行った場所はどこか？　あるいは、ラッシュモア山に彫られた四人のアメリカの歴代大統領は、誰でしょう？　そう聞かれて、すぐに答えられなかったとします。その場合、ド忘れだったら、それを自分は知っているはずだ、とわかっています。

「ド忘れ」なのか、それとも「アウト・オブ・ワンズ・デプス」なのか。言い換えると自分で太刀打ちできるか、できないのかということですが、それは、脳の前頭葉で判断されます。自分の中に答えがあるかどうかは、メタ認知（自分の思考や行動を客観視すること）として前頭葉でわかるのです。

ちなみに、リンカーン大統領が演説した場所は、ペンシルベニア州ゲティスバーグ。ラッシュモア山の彫刻は、ジョージ・ワシントン、トーマス・ジェファーソン、セオドア・ルーズベルト、エイブラハム・リンカーンの四人です。

05　ハードルが高くても手を挙げる

ピンチに陥ったとき、一番惨めな状態とは「アウト・オブ・ワンズ・デプス」な状態でしょう。そして、その状態に自ら行こうとするのかその後の脳の伸びしろは、まったく変わってきてしまいます。脳が変わるということは、人生そのものが変わることでもあります。

たとえば、サンデル教授の授業「ジャスティス」の見方ひとつとっても、挑戦しようとする人と、避けようとする人では全然違います。

サンデル教授の講義は、ハーバードの学生が毎回、千人以上出席している人気講義です。そのあまりの人気ぶりに、史上初めてメディアへの公開に踏み切ったと聞きます。

その講義は、毎回、正義とは何かをさまざまな事例を紹介しながら、「君ならどうする？」「何が正しい行いなのか？」「その理由は？」と学生たちに問いかけて、活発な意見を戦わせ、その判断の正当性を議論していくというものです。

この講義の一番高度な見方は、自分もサンデル教授のように教壇に立ち、ハーバードの学生に向かって、レクチャーできるかどうかを想像しながら視聴するというものでしょう。それが無理だと思うなら、自分がハーバードの学生になったつもりで、手を挙げて発言できるか、と思いながら見る。

「アウト・オブ・ワンズ・デプス」の状態に挑戦していくなら、前者のほうがより高度なチャレンジになりますが、挑戦しやすさからいえば、後者でしょう。

僕の英語への挑戦も、初めは、手を挙げて発言することでした。大学生のとき参加した日米学生会議（日本と米国の学生が毎年交互に訪問し合い、さまざまな問題について議論を行ったり、講演を聴いたりするもの）でアメリカに行ったときも、講演を聴いているときは、真っ先に手を挙げて質問しようと考えていました。

ゼネラルモーターズの本部を訪ねたときも、GMの人が講演している間ずっと、この話が終わったら、誰よりも早く手を挙げて質問や感想を伝えよう、と身構えながら聴いていたのです。

その当時の僕は、ある程度は英語ができたとはいえ、経験値がほとんどありませんから、講演者の話す英語が、すべて聞こえていたわけではありませんでした。それでも、一生懸命頭の中でセンテンスを組み立てて、これで英語として通じるかなと思いながら質問していました。

繰り返しますが、今の自分にとってハードルが高いことでも挑戦していく人といかない人とでは、その後の伸びしろは変わってきます。日本人は、そこで壁をつくって、今のままでいいやと思う傾向の人が多い気がする。恥をかきたくないという感情が、挑戦したいという気持ちより先に出てしまうのかもしれません。

しかしながら、脳の成長のためには、恥をかく経験をいくつか越えなければいけない。そのような経験を積んだ人は、完膚なきまでに打ちのめされても、やがて灰の中から立ち上がって、強くなって帰ってきます。だから、あきらめないことです。

06 手に負えないことでも簡単に投げださない

「アウト・オブ・ワンズ・デプス」という状況は誰にでも、起こり得ます。そのときに、大切な態度とは、「これは私の手に負える範囲外のことだから」と、簡単に投げだしてしまわないことです。

たとえば、僕の場合でいうと、僕は大学でずっと物理をやってきましたが、超ひも理論という最先端の物理学の理論は、何年か勉強しないと理解できません。また、この間、東京工業大学の先生と話していて、モジュライ理論というのが超ひも理論に使える、という話を聞きました。僕の今の状況では、超ひも理論でモジュライ理論がどう使えるのかということは、「アウト・オブ・ワンズ・デプス」です。要するに、まったくわからない。

このときに、「アウト・オブ・ワンズ・デプス」なもの、僕の場合でいえば、たとえば超ひも理論やモジュライ理論のことですが、それらに興味がないし、これからも必要ない、というのなら挑戦しなくてもいいと思います。けれども、少しでも必要になるかもしれないことだったり、興味があるとしたら、挑戦したほうがいい。やってみたら案外できるかもしれません。

いや、そんなことはない、できないものは、できない、と思うかもしれません。でも、できないという現象が、本当にその人にできないものであることを証明するわけではないのです。何事もやってみなければ、結果がどうなるかなんて誰にもわからないものです。

二〇一〇年に、取材でアメリカのミシガン大学に行き、恐竜の研究を続ける池尻武仁《いけじりたけひと》さんという方に会ってお話を伺ってきました。彼は、ミシガン大学古生物学博士課程にいて「恐竜の巨大化の謎」について研究していました。

池尻さんは、日本の大学の経済学部を卒業後、前々から興味のあった恐竜の研究をするため、二年間運送会社で働いて貯《た》めたお金で渡米します。渡米した当初は、英語がほとんどできないにもかかわらず、各地の大学に行って、いきなり恐竜の骨を掘らせてください、と直談判したりもしたそうです。

この時点で、彼が将来、注目をされるような研究者になるとは誰も思わなかったでしょう。英語もできず、しかも大学の専攻は経済学で、古生物学とは何の関係もない勉強をしてきたのですから。ところが二〇〇六年に、大型草食恐竜の雌雄判別法を提唱したことで、一躍注目を浴びることとなったのです。

このような例は、あるいはまれなことかもしれませんが、何事もやってみなければわからない、ということを、ひとつ証明しているといえるのではないでしょうか。

07 越えられない壁をつくっているのは自分自身

村上春樹さんが二〇〇九年、イスラエルの文学賞である「エルサレム賞」を受賞したときに、壁と卵をたとえにしてスピーチを行いました。「高くて硬い壁と、それにぶつかって割れる卵があるとしたら、私は常に卵の側に立つ」と言い、「爆撃機、戦車、ロケット弾、白リン弾が高い壁で、卵は被害を受ける人々だ」と述べ、戦争を生むシステムを「壁」にたとえ、本来人間を守るべき「壁」が、人間を組織的殺人に導くと警鐘を鳴らしました。

「常に卵の側に立つ」という言葉は、社会的、政治的な文脈だけではなく、自分の人生にもいえることではないかと思います。

ここでいう「壁」とは、何かに挑戦しようとする自分の気持ちに、歯止めをかけさせるさまざまな言い訳です。「日本人に、英語を母国語とする人が書いた論文に匹敵するような英語の論文が書けるわけがない」とか「ここから先は、私には難しすぎて無理だから、挑戦するのはやめよう」といったもの。

これらは、自分が自分の可能性に対しての「壁」になっているということです。自分が「卵」になっているときとは、ぶつかって割れるかもしれないけれど、挑戦し続けることといえます。つまり、越えられない壁をつくってしまっているのは、実はその人自身である場合が多いのです。

その「壁」を壊すには、自分が「卵」になってぶつかっていくしかない。おそらく、最初は惨めな思いをすることでしょう。最低の評価しか受けられないかもしれない。

しかし、最初からうまくできる人はいませんし、「壁」にぶつかって泥まみれになることから何かが始まると僕は思っています。

08　挑戦しない理由を考えてしまう日本人

日本人は、最初から無理だと思って封印してしまっていることが、あまりにも多すぎるのではないか、という印象を受けます。

たとえば、ハリウッド映画で日本人俳優が、トム・クルーズみたいなかっこいい役で主演を務めるのは、最初から無理だと思っている人が多いと思います。でも、そんなことはやってみなければ、わからない。

実際に、日本のプロ野球から大リーグに行って成功した人が何人もいることを考えれば、日本人が世界に行って通用しないと思うのは、ただの思い込みでしかありません。彼らの中でも、最初のほうに渡米した人たちは、「日本人が大リーグに行って成功するわけがない」など、さんざんなことを言われました。けれども、イチローや松井の活躍を見ればわかるように、結果はまるで逆でした。

日本人で初めてアメリカ三大ネットワークのひとつである、ABCテレビのゴールデンタイムで、レギュラー番組の司会者となった神田瀧夢《かんだろむ》さん（Rome Kanda）という方がいます。神田さんは、一九九九年にアメリカに渡り、映画やテレビなどに出演しながら、ハリウッドのコメディシアターでライブパフォーマンスも行っているコメディアンであり俳優でもあります。

彼が海外で活躍する人になろうと決意したのは、日本の大学在学中にロンドンに留学したことがきっかけです。現地の人々が、あまりにも日本のことを知らないことに強烈なショックを受け、これではだめだと思い、日本のことをもっと世界に知ってもらうために、ハリウッドで有名になろうと決めたというのです。

しかし、映画のオーディションに落ちるなど、その道のりは険しかったようです。空手や剣道などの武道や、能や茶道といった日本の伝統芸能を極め、自らを磨いたと聞きます。

そんな彼を一躍有名にしたのが、二〇〇八年から二〇〇九年にかけて放送された前述のＡＢＣのテレビ番組『I Survived a Japanese Game Show』での司会でした。この番組は、アメリカ人の挑戦者たちが日本に行き、賞金二十五万ドルを獲得するために、架空の日本のゲーム番組に出演するというリアリティーショーでした。番組の評判は高く、常に高視聴率をマーク。また、欧州で行われた番組コンクールの国際テレビ賞の中でも、歴史と伝統を持つローズドール賞の中の最高賞のゴールデン・ローズ賞に輝きました。

アメリカ三大テレビネットワークのゴールデンタイムで司会を務めるということは、今までの日本人の誰もなし得なかったことです。神田さんの話を聞いたとき、ここまでの道のりがどんなに厳しいものであったとしても、そしてその中でどんなに惨めだったとしても、挑戦しないよりは、挑戦したほうがいい、と素直に思えました。

09 ピンチのときほど惨めなことをする

日本は、今、長年の経済不況に加えて、東日本大震災からの復興など、いくつもの課題が山積しており、いうなれば国自体がピンチに陥っている状態です。ピンチの状態で日本人がやるべきことは、何でしょうか。

それは、「惨めなことをやる」。それしかありません。日本が戦後、高度経済成長を遂げることができたのも、惨めな思いをしてきたからに他なりません。

一九五五年すなわち年号でいえば昭和三十年ですね。創業からまだ七年余りの小さな会社、東京通信工業株式会社で長年の研究の末、トランジスタラジオが完成しました。そして、アメリカに売り込むために、社名を音を意味するラテン語「SONUS」から「SONY」と命名し、今のソニー株式会社が誕生しました。その当時、ソニーの創業者のひとりである盛田昭夫氏は、技術畑出身でありながら、アメリカの電気機器会社にトランジスタラジオを売り込みに行ったのです。

ところが、当時の「MADE IN JAPAN」は「安いが、すぐ壊れる」という印象があり、まったく相手にされませんでした。そこで、盛田氏はラジオ局に売り込みに行きます。すると今度は、「SONY」は小さい会社だから、社名をラジオ局の名前にして売るという条件でなら、十万台注文しよう、という条件を提示されます。しかし、盛田氏は「あなたの会社も昔は小さい会社だったはずです」と言って、断ったそうです。

その後、ある代理店と契約することに成功し、トランジスタラジオは生産が間に合わないほどの大ヒットとなりました。そして、この契約成功は、その後のソニーの躍進につながったのです。

日本経済が成長し始めた昭和三十年代、前述したように「MADE IN JAPAN」は、見向きもされず、海外に売り込むには、相当惨めな思いを、ソニーに限らず、どこの会社でもしたことでしょう。それでも、海外に打って出たのは、国内消費だけに頼っていては、日本という国が立ち行かなくなるという危機感からです。つまり、輸出する以外、他に手がなかったのです。

他に手立てがなければ、挑戦せざるを得ない、言い換えれば、追い込まれたほうがやる気が起こる場合もあるということです。

10　足を引っ張り合う日本人

今、グローバリズムがものすごい勢いで進んでいます。グローバリズムとは、世界各地がより緊密な相互依存関係で結ばれる傾向にあると見る考え方です。特に、インターネットの情報通信技術の急速な発展は、グローバリズムに大きな役割を果たしています。

しかしながら、グローバリズムとはまったく関係ないところで生きている人たちもいます。たとえば、僕の母親のようにコンピュータに触れる機会が少なく、それがなくてもなんとかなっている人は、グーグルと対抗することを考えなくてもいいと思います。

ただ、日本が現在、苦境に陥っている背景のひとつには、グローバリズムが進んでいることが関係しています。世界のさまざまな地域が、ひとつの共同体として結ばれ、競争が地球規模なものとなったことで、日本の今までの「オペレーティング・システム」（コンピュータのシステム全体を管理し、種々のアプリケーションプログラムに共通する利用環境を提供する基本的なプログラム）が通用しなくなってきているからです。日本はなんとかして、現在の状況から脱していかなければなりません。

そのためにも、iPhone、iPad に象徴されるように、モノが情報ネットワークと結びついて付加価値を生む「ものづくり2・0」の時代になったときに、日本が加工貿易の国として生き残れるかどうかを真剣に考えて、新しいことにチャレンジしていく人たちがいなければ、日本の中でグローバリズムとは関係なく生きている、穏やかで優しくて小さなものも守れないのではないでしょうか。

もっとも、日本には、自分が日本の代表となってグローバリズムの中で戦おうとする人があまりにも少ないのが現状です。そしてもっと悪いことには、海外で戦おうとする人の足を引っ張る日本人も少なくありません。

僕が最初にアメリカに行ったときも、「日本人がアメリカに行っても通用するわけがない」といったような非難をさんざん浴びました。どういうわけか、日本人というのは、自分たちの仲間が挑戦しに行こうとするとき、必ず足を引っ張ろうとするようです。そして、失敗して帰ってきた人に対しては「それみたことか」という意地の悪い気持ちもあるかもしれません。しかし、いつまでも仲間同士で足の引っ張り合いをしていても、この国にとって、プラスになることは何ひとつないことを、そろそろ自覚すべきときです。

11　挑戦できる人と、できない人の違いとは？

新しいことに挑戦できる人と、できない人の違いは、どこにあるのでしょうか。

僕が見ていて思うのは、挑戦できる人は、あまり構えないでリラックスしていて、スーッと始めてしまいます。そして挑戦した結果が、どんなに惨めなものに終わっても全然気にしない。人目を気にしないというのはすごく大事なポイントです。

僕は今、英語のブログを毎日書いているのですが、そのブログに対してのコメントの仕方が日本人と外国人では、かなり違います。日本語で英語へのコメントを書いてくる人の中には、アメリカやイギリスに住んでいる日本人や、もしくは昔、海外に住んでいた経験のある人がいます。

その中には、時折なんとも奇妙な人たちがいます。単語のスペルが間違っているとか、文法的にそういう表現はないとか、要するに、茶化すような内容か、人を貶《おとし》めることを目的として書かれたものがあるのです。ところが、外国の人が、僕の英語のブログにコメントをくれるときは、僕が書いたブログの内容の実質的なことにしか触れてきません。

僕の英語のブログに対するコメントを見ていると、挑戦できる人と、できない人の違いが見えてくる気がします。日本人が英語をやろうとするとき、どうしても揚げ足取りに走ってしまう傾向が強いです。揚げ足取りとは、挑戦する人の足を引っ張って邪魔しようとする人ともいえます。そして、揚げ足を取る人は、自分では挑戦できない、あるいはしないために、そうしているという側面があると思います。

一方、外国の人は、内容にしか興味がない。だから、彼らは、あまり細かいことを気にせずに、リラックスして挑戦できるのかもしれません。

12　分をわきまえる精神が日本人をダメにしてきた

英語を書くということに関して、日本人は誤解しているところがあるように思います。というのは、日本人は、英語を完璧に書かなければいけないと思っている人が多いのではないかと感じたからです。

では、ネイティヴは完璧な英語を書いているのか、というと、そんなことはありません。僕が、ケンブリッジに留学していたころの指導教官のホラス・バーローの書く英語は、大文字と小文字が入り乱れていましたし、単語のスペルも間違っていたりするときもありました。それでも、ネイティヴの人は、書かれている英文の内容にしか興味がないといった感じで、多少の間違いなどまるで気にしていませんでした。

たとえば、僕が指導している学生の英語を見ると、英語表現がうまくいっておらず、悲惨な結果に終わっている場合がほとんどです。でも、僕は学生たちに向かって、「おまえの英語は悲惨だよ」とは決して言いません。もし、それを言ってしまったら、彼らを、がっかりさせることになってしまうからです。誰だって、最初は惨めな結果に終わることはわかりきっているのですから、わざわざ欠点を指摘する必要はないでしょう。

僕は「TEDxTokyo 2010」において英語でプレゼンテーションをしました。TEDとは何かというと、これはカリフォルニアに本拠地を置くグループで、「Ideas worth spreading（広める価値のあるアイデア）」の紹介を活動目標としています。テクノロジー（T）、エンターテインメント（E）、デザイン（D）を中心とした、人類のさまざまな活動の中から、幅広く世界に広めるべきと思われるアイデアについて、その活動を行っている人にプレゼンテーションの場（TEDカンファレンス）を提供するとともに、インターネットを通じてそのビデオ映像を世界に広める活動を行っている組織です。

また、TEDxとは、TEDと協力しながら開催される、TEDとは独立したイベントで、世界各地域において、それぞれの「広める価値のあるアイデア」と、TEDのビデオプレゼンテーション「TEDTalk」をミックスした形で行われるカンファレンスです。

TEDxのプレゼンテーションは、あとで流せるようにビデオ撮影されていてインターネットを通じて何回でもその映像が見られるようになっているので、それなりに緊張するかと思っていたのですが、あまり緊張せずに話すことができました。そして、僕のプレゼンテーションが終わったあとの反応は、英語のブログのコメント同様に、日本人と外国人では全然違いました。

日本人は、そもそもまず褒めるということをしません。それに対して、外国人は「よかったよ」と内容について触れて褒めてくれます。ひとりの外国人は「日本でスティーブ・ジョブズみたいにプレゼンテーションがうまい人は誰なのか、って質問されていつも答えられなかったんだけど、今日見つけたよ」と言ってくれました。褒め方がうまいのです。

TEDxのビデオが公開されてから、自分がプレゼンテーションした映像を自分の英語をチェックするという意味も含めて見てみました。やはり、ピアノのミスタッチと同じで、いくつかの英文を間違って発音している部分もありました。最初からハーバードのサンデル教授のようにはいきません。ここで、日本人だと僕のプレゼンテーシヨンの粗を探して、「ここの語順は正しくない」とか「ここの発音があってない」とか言うことでしょう。

このように、けなしたり、揚げ足を取ったりする日本人のメンタリティーと、「スティーブ・ジョブズみたいなプレゼンテーションができる人を探してたけど、今日見つけたよ」と言うのとでは、言うほうも、言われたほうもモチベーションがまったく違うというものです。

結局、日本人はけなされ続けた結果、チャレンジできなくなってしまったという面があると思います。つまり、日本の文化とは、ある意味「けなし文化」なのではないでしょうか。なぜ、そうなったのかは、日本の人口密度の高さが関係していると思います。日本は、狭い国土に人々がひしめき合って、お互いに肩を寄せ合いながらも、相手の領域に侵入しないように暮らしてきました。別のいい方をすれば、お互いに自分の分をわきまえて生活してきたのです。

ところが、今何が起こっているのかというと、先ほど述べたようにグローバリズムが進んで、新大陸がたくさん生まれたということです。インターネットの世界は、私たちが生活している物理的な空間のような制約がないぶん、無限の可能性があります。グーグルだとかツイッターだとかいった新しいサービスがどんどん出てきて、それらのサービスは、物理的な空間で展開されるものではないので、これまでの領域を侵さずに、グーグル大陸やツイッター大陸という、まったく新しい大陸が出現している。

インターネットの登場によって、ゲームのルールが変わりました。それなのに、日本人はいまだに、物理的な日本の狭い空間の中で肩を寄せ合って、暮らしている。分をわきまえるというのは、たしかに日本人の美徳でもあったのですが、それが逆に自分たちを制約する結果になってしまっているのです。

13　敬語は関税障壁!?

日本人はよく、敬語が乱れてきたから、美しい敬語を守らなければいけない、といったことをいいますが、外国人にしてみれば、敬語は関税障壁みたいなものです。どうしてかといえば、日本社会ではビジネスで敬語を使わないと、相手に対して失礼にあたるという常識があるため、敬語がわからないと日本の社会に入っていくことができないからです。

昔、『ご冗談でしょう、ファインマンさん』などの著作で知られるノーベル物理学賞受賞者のリチャード・P・ファインマンが来日したときのこと。ファインマンは、日本語では、たとえば「解く」という言葉があっても、誰が「解く」かによって使う言葉が違うことを教わります。教授が解く場合に、私が教授に向かって言うときは「ディラック方程式を解いてくださいませんか」と言う。私自身で解く場合は、「ディラック方程式を解く」と言う、と。それを聞いたファインマンは「俺が解いたって、教授が解いたって、ディラック方程式を解くことには変わりはないんだろう？　それがなんで人によって違うんだ」と言って、あきれてしまいます。さらに、「そういう国の言葉は、私には基本的に理解できないし、理解しようとも思わない」と言ったそうです。

この話を聞いていると、相手の領分を侵さないようにして、分をわきまえて生きてきた我々の生き方そのものが、イノベーションを起こすことの邪魔になっているのではないかと思わざるを得ません。

14　日本全体がコンビニ経済圏になっている

相手の領分を侵さないということは、言い換えれば、波風を立てずに事を運ぶことです。そういうことは、敬語以外にもあります。

たとえば、コンビニエンスストア。コンビニは、お客さんになるべく余計な気遣いをさせないよう徹底しています。レジの前で少しでもお客さんが並び始めると、「よろしかったらこちらのレジへどうぞ」と言って、空いているほうのレジに客を誘導する。温かいものと冷たいものを買うと、「袋は、ご一緒でよろしかったでしょうか？」と聞いてくる。要するに、コンビニは波風立てずにスムーズに事が運ぶように、接客を完全にマニュアル化しています。

コンビニに限らずデパートでも、カフェでも、日本全体がコンビニ経済圏になっているという印象を受けます。ある領域に囲い込まれた中だけで動いている社会は、フロンティアで起こることとはまったく違うのです。

次に、コンビニとは逆の例を挙げましょう。この間、アメリカの航空会社であるデルタ航空の飛行機に乗って、アメリカに行ってきました。そのときに、大体五十歳くらいのキャビンアテンダントの女性が、サービスをしてくれましたが、とても親切で感じの良い人でした。

食事の時間となり、僕は初めにシャンパンを、次に白ワインを飲み、その間ずっと、前述した女性がグラスに飲み物を注いでくれました。メインディッシュが肉料理だったため、僕は彼女に、赤ワインを持ってきてくれるよう頼みました。その時点でまだ、飲みかけの白ワインが、グラスに五分の一くらい残っていたと思います。そして、彼女が赤ワインを手に戻ってくると、まだ白ワインが残っているグラスに、赤ワインを注ぎ足したのです。思わず心の中で「えーっ!!」と叫んでいました。

僕も、自宅で飲むときは、面倒くさいので、同じグラスで白ワインと赤ワインを飲むこともありますが、飛行機の中のサービスで白ワインと赤ワインを同じグラスを使って飲むということはあり得ない。ましてや、これが日本の航空会社だったとしたら、こんなことは絶対に起こり得なかったでしょう。

この小さな事件から僕が考えたことは、日本人はあまりにも細かいことに気を使いすぎているから、イノベーションができないのではないかということでした。実は、イノベーションをやるときは、白ワインのグラスに赤ワインを注ぐようなことがないと物事が前に進まないのではないでしょうか。

15 「2ちゃんねる」の一番の書き手はサラリーマン

相手の領域を侵さず、自分の分をわきまえて、波風を立てずに、周りに気を使いながら生きている日本人。たしかに、今のところは一見スムーズに世の中は回っているように見えます。ですが、先ほどいったように、これではイノベーションを起こせないという弊害がある。その上、もうひとつの弊害も見えてきます。

これだけ周りに気を使っているということは、必ずどこかでストレスを抱え込んでいる。たとえば、朝の通勤ラッシュ時の満員電車の中の空間。知らない人同士がぎゅうぎゅうづめに詰め込まれて、ほとんど密着して移動している。電車内は、蒸しているし、常にイライラした空気が漂っている。ちょっとでも、他人に触れると舌打ちされたり、睨《にら》まれたり。ものすごいストレスにさらされながら、通勤、通学をしています。

では、そのストレスはどこに向かうのか。「2ちゃんねる」のようなインターネットの掲示板に、愚痴や悪口を書き込んで発散させている人もいるようです。実は、「2ちゃんねる」に書き込む人たちの中心層となっているのは、サラリーマンだということを聞いたことがあります。

「2ちゃんねる」の一番の書き手が、我々が想像しがちなフリーターやひきこもりの人たちではなく、定職に就いて働いている人たちだったというのは、問題だと思います。みんながすごく効率よく、波風を立てないように働いているのだけれど、その過程で、ものすごいストレスを自分の中にためている。

日本が揚げ足を取ったりするような、けなし文化であるのは、内面にストレスを抱えていることと、無関係ではないと思います。

16　非常識なことを面白がる

ずいぶん昔のことですが、京都を旅行して哲学の道を歩いていたとき、自転車に乗ったおじさんがいきなり現れて、「この石を買わないか?」と言ってきたことがあります。そのおじさんが何者なのか今もって謎ですが、自転車のかごにビスケットの缶を入れて、その中の石を売っているのでした。その石には、おじさんが自分で描いたという、なかなか見どころのある面白い絵が描かれていました。

ビスケットの缶の中から石を出してきて、「これ、買わないか?」と言われることは、そうめったに起こることではありません。そのとき僕は、「このおじさん大丈夫かな?」と思いつつも、好奇心が先に立って、無視することができなくなっていました。そして、「その石はどこから採ってきたのか?」とか「いくらか?」とか「どうやって石に絵を描いたのか?」とかいろいろ聞きました。結局、僕はその石を買って、今でも持っています。

めったに起こることのないハプニングのようなことがあった場合、その事態を面倒

【Check】
ピンチをチャンスに変えるコツ—その2

※あなたのピンチ対応力、チェックしてみよう

1	自分の惨めで負けた姿を学習する	□
2	ハードルが高くても挑戦する	□
3	手に負えなくても投げださない	□
4	あまり構えないでリラックスし、スーッと始めてしまう	□
5	人目を気にしない	□
6	分をわきまえない	□
7	非常識を面白がる	□

くさいと思うか、面白いと思えるか、人によって大体二通りに分かれると思います。石を売るおじさんに会って、「別にいいです」と言って去る人と、面白そうだと思っておじさんにいろいろ聞く人がいるとしたら、日本に今必要なのは、後者のような人間です。

というのは、今の日本は、ある領域に囲い込まれた中だけで動いているコンビニ経済圏ともいうべき社会になっています。そのせいでいつまでも経済不況から抜けだせない。そこから抜けだすには、フロンティアに挑戦するしかありません。そして、そういうことができる人とは、何か非典型的なことが起こったときに、それを面白がれる人なのです。

もう少し説明しましょう。大学生の就職活動を例にとると、大学四年生の夏になっても何も就職活動をしておらず、自分は本当は何がしたいのだろうか、と考える。そういうところから始める人は、哲学の道で石を売りにくるおじさんに近い存在といえます。そういう人ほど日本を変えていくことができる人です。

一方で、大学三年の秋から就職活動を開始し、早々に内定を取ってスムーズに日本のシステムの中で就職していく人たちは、コンビニ経済圏の中にいることに疑問やストレスを感じない人たちです。けれども、そういう人たちは、今あるパイを大きくすることはできません。すでに用意されたシステムをより精緻なものにしたり、維持したりすることはできても、フロンティアを手掛けることができる人たちではないからです。

17　コンビニ的な現代っ子 vs. 怪しい探検隊

今の日本の子どもたちを見ていると、小さいころからコンビニ的に育てられているな、とつくづく感じます。小さいころから、まずは、これをやりましょう、何歳になったらこの勉強を始めましょう、それから、この学校に入りましょうという感じで、最初から生きるルートが用意されてしまっている。

それに比べて椎名誠さんの著作『わしらは怪しい探険隊』（角川文庫　一九八二年刊）は、冒頭からピンチで始まります。イラストレーターの沢野ひとしさんや弁護士の木村晋介さんら仲間とともに結成した「東日本何でもケトばす会」（「怪しい探検隊」とも称する）のメンバーで、三重県の神島《かみしま》を旅します。酒を飲んで寝ているところに蚊の大襲来にあったり、神島一周をしようと皆で泳いでいたら、途中で潮流に流されて沖にもっていかれて死にそうになったりと、いきなりとんでもないピンチに陥る。そういった実際に体験したことが、『わしらは怪しい探険隊』には書かれており、シリーズ化もされています。

「東日本何でもケトばす会」メンバーは、離島などを旅して、海岸にキャンプテントを張り、焚火《たきび》をして宴会をする。ただ、キャンプといっても、アウトドア用品を装備して行くのではありません。荷物もほとんど持たず、何月何日にどこに集合して、というのではなく、気の合う仲間たちと発作的に旅に出掛ける。しかも、その時点でどこに行くかは誰も知らない。というか、決めていない。北へ行くのか、南へ行くのかもわからないわけだから、暑いのか、寒いのかもわからないので、どういう装備をして行ったらいいかもわからない。

とにかく、むちゃくちゃなのですが、その中にとてつもないパワーを感じて、ワクワクするし、感動もある。今、そういうパワーが日本にはなくなってしまっている気がします。

18 過保護・過干渉が染みついてしまっている

国民の生きるパワーや好奇心を、国の過干渉がしぼめてしまうという例もあります。

これは僕の知り合いに聞いた話なのですが、今から十年前のこと、その人は当時、大学生のプログラムのひとつとして、ドイツに短期のホームステイをしたそうです。

それは、どこどこの町の○○という建物の何号教室に何時に来てください、という通知だけで、あとは個人で勝手に手配なりをして集合するというもので、文字通り現地集合、現地解散だったということです。

その当時は、まだインターネットがそれほど一般的には使われていなかった時代だったので、集合場所となっているドイツの小さな町に、どうやったらたどり着けるのか、本などで調べるところから始めなければならなかったそうです。

しかも、プログラムに参加する学生たちのほとんどが、そもそも海外旅行をしたことがなかったという事情も加わり、彼らはますますピンチに追い込まれました。けれども次第に、はたして無事にたどり着けるのか、という危機的状況に対して、みんなワクワクしてきて、とても楽しかったというのです。きっと、椎名さんの『わしらは怪しい探険隊』の世界に通じるものがあったのでしょう。

ところが今の大学では、学校のプログラムとしてどこかに行く場合、現地集合、現地解散をしてはいけないそうです。文部科学省によって、学校の行事は引率者をつけ、参加する全学生を安全に引き連れて行かなければならない、という規定ができたということでした。

理由は、大学生がお酒を飲んで酔っ払って、騒ぎを起こしたりしないように、ということらしく、このような話を聞いていると、日本は過保護主義に加速がついたとしかいいようがない印象を受けます。

レーガン大統領の言葉で、アメリカ人がときどき引用するフレーズがあります。「あなたたちに多くの良いことをしてくれる政府は、同時にあなたたちに多くの悪いことをする能力を持つことになる」というものです。レーガン大統領は、「大きな政府」を嫌って、「小さな政府」を唱えてきた人ですから、こういう言葉が出てきた。

「小さな政府」とは、政府の規模を可能な限り小さくしようとする思想または政策のこと。政府の市場への介入を最小限にし、個人の自己責任を重視する政府です。

それに対し「大きな政府」とは、福祉や社会保障の充実した国家を目指すもので、その代わり政府は社会・経済活動を多くの規制や税金でしばり、影響力を行使します。

先ほどの文部科学省の規定は、学生の安全を守るためには、学生だけで行動しては危険だから、引率者をつけよう、という発想で生まれました。こういうふうに行動しなさい、と指導する政府は、いろいろ面倒を見てくれるという面ではいい政府であるのですが、それと同時にいろんなことに干渉してくる政府でもあるわけです。でもそういう意識が、今のところ、日本人にはあまりないように思います。

国が何かしてくれるなら、やってほしい、という期待ばかりが強くて、干渉されても無頓着というか。もしかすると国は何かしてくれるのだから、干渉されても仕方ないと思っているのか。少なからずそういうところがあるように感じます。

面倒見のよいこの国全体の姿勢が、日本人を過保護にし、新しいことにチャレンジする気力を失わせてしまったのかもしれません。

19 アメリカにはグローバリズムのひな型がある

僕の学生時代を振り返ってみると、アメリカに留学するチャンスが三度ありました。

一度目は、高校を卒業するとき、グルー基金（現グルー・バンクロフト基金）という奨学金制度に応募して、四年間アメリカの大学に留学しようとしたのです。ところが、当時の担任の先生に、「おまえがアメリカに行きたい気持ちはわかるが、とりあえず、日本の大学を卒業してから留学したほうがいい」と諭されて、結局応募もしないまま、断念しました。

二度目は、大学在学中、サンケイスカラシップという奨学金をもらい、海外留学制度の審査にも受かって、アメリカに一年間留学する予定でした。ですが、今のように、アメリカの大学で取得した単位が日本の大学で認められるということはなかったので、留学すると一年遅れてしまうことがわかって、やっぱりやめてしまいました。今だったら、一年くらい遅れたっていいじゃないか、と思えるのですが、当時は、そのようには考えられなかった。今となってみれば、残念なことをしたと思います。

そして三度目は、学部を卒業し、大学院に進学しようとしていたころでした。今度こそ、大学院はアメリカに行こうと思っていました。でも、結局は、東大の大学院に進学することにしました。なぜ、そのとき日本に残る選択をしたのか。当時は自分でもわかりませんでした。ただなんとなく日本に残ったほうがいいと感じただけでした。最近、振り返ってみるとその理由がわかるのですが。

アメリカという国は、人種のるつぼといわれる国だけあって、言語も文化もその他にもいろいろなものが混ざり合っていて、誰が入っていっても、溶かし込まれるようなところがあります。今でも、アメリカに行って活躍している日本人を見ると不安になるんです。この人たちは、誰なんだろうと。

いろいろなものを混ぜて、全部をアメリカという国の強みにしてしまう。ちょうど今、世界中を覆っているグローバリズムの状況に似ています。

大学院に進学しようとしていたころの僕は、小津安二郎監督の映画も見ていなかったし、小林秀雄の再発見もしていなかったし、伊勢神宮にも参拝していなかった。つまり、完全な西洋かぶれで、日本には文化がないと思っていたのです。

だから、あのままアメリカに行っていたら、おそらく根無し草になって、妙な日系アメリカ人になっていたのではないかと思います。今考えると、そんなふうになってしまうのは嫌だなと、どこかで思っていたから、留学をやめたのかもしれません。

今だったら、アメリカに行っても日本の何に価値があるかもわかっているし、自分の中に確固たるものがあるから、自分を見失うことはないでしょう。日本代表として、日本の価値を世界に売り込むことに挑戦しようとさえしているのですから。

そして、僕は今だからこそ、アメリカ的なものに回帰しようとしています。グローバリズムのひな型がアメリカにあるからです。

たとえば、僕の好きなイギリス人の俳優のヒュー・ローリーは、イギリスで『ブラックアダー』というシチュエーション・コメディのテレビシリーズにずっと出演していて、イギリス人だったら、誰でも知っているほどの有名人ですが、今は活動拠点をハリウッドに移しています。

この前、アメリカに行ったときに、「ヒュー・ローリーって、もともとはイギリスの俳優だよね」と言ったら、みんなびっくりして「ええっ、彼はアメリカ人じゃないの?」と言いました。彼はそれくらい『House』というテレビドラマシリーズでアメリカ人になりきっていて、もともとは、完璧なオックスブリッジの英語を話す人でしたが、ドラマではアメリカ訛りの英語で話しています。

ヒュー・ローリー以外のイギリスの俳優も、コメディアンも、次から次へとハリウッドへ進出しているようです。『ジ・オフィス』というイギリスでは社会現象を巻き起こした人気シチュエーション・コメディ番組で、デヴィッド・ブレント役を演じた俳優でありコメディアンのリッキー・ジャーヴェイスもハリウッドへ進出したそうです。

このようなこと、ひとつとってみても、アメリカがグローバリズムのひな型であることがわかります。

アメリカは、単に経済規模が大きいだけではなく、いろいろな文化がるつぼのように混ざって融合されており、その状態でも残る芯の強さがないと、なかなか入っていけるような国ではありません。それでも、人々がどんどん進出してくるのは、ひとつには、アメリカ以外のカルチャーは、みんなローカルカルチャーだからです。それは、イギリスにおいてもいえることで、実は日本とそんなに変わらずローカルなのです。

英語を母国語にしているぶん、アドバンテージはありますが、それでもアメリカと比べれば自分たちのほうがローカルだということは、イギリス人自身が自覚しています。

繰り返しますが、アメリカ以外はみんなローカルカルチャー。それは、フランスだろうが、ドイツだろうが同じなのです。もうひとつ、世界がアメリカに惹《ひ》きつけられるのは、インターネットも、英語も、エンターテインメントも、と、総合的な力がアメリカにはあるからです。

20　言語のオープン・エンド性に身をさらす

グローバリズムが進んでいく中、ローカルカルチャーである日本が世界に打って出るには、何が必要でしょうか。

まずは、情報インフラとしての英語。次に、論理的な思考能力だと僕は考えています。

では、最初に英語の話から始めましょう。グローバル化していく世界においては、リンガフランカ（異なる言語を使う人たちの間で意思伝達手段として使われる言語）としての英語が不可欠です。それにもかかわらず英語ができる日本人は、あまりにも少ないのが現状ではないでしょうか。世間的に、エリートと呼ばれる人たちでさえ、満足に英語が話せる人は少ない。彼らは、当然いい大学を出て、中学校、高校と合わせて少なくとも十年間は、英語教育を受けてきているわけです。それでも、英語が話せないというのは、国家的な損失としかいいようがありません。英語ができないとは、その人の個性が世界に知られない、ということだからです。

よくある、英語に関する間違った認識としては、こういうものがあります。いわく、英語ができるようになることは、英語帝国主義にくみすることだから、私たちは日本語でやっていけばいい。日本語で、表現することが我々の個性なんだという主張です。けれども、日本語でいくら個性だと主張しても、それは日本語ができる人にしか通用しない、局所的なものです。自分の個性を世界の中で表現しようと思うのであれば、やはり英語という、世界共通の情報インフラに乗るしかないのです。

たしかに、そのことに限っていえば、グローバリズムの中に巻き込まれていく形になってしまうのかもしれません。が、共通のプラットホームに乗るということは、自分の個性を世界的な文脈の中で、より明確に提示していくことを意味します。日本語の固有性を守ろう、といって英語を話せるようになろうとしない人は、その壁を一歩踏み越えることが大事だと思います。

ではなぜ、日本人は英語が話せないのでしょうか。さまざまな要因があるとは思いますが、ひとつ確実にいえることは、日本の英語教育の方針が間違っているということでしょう。どこが間違っているか。それは、一言でいうと「言語のオープン・エンド性」に反しているのです。

「オープン・エンド」とは、脳科学の言葉で、どんなに学んでも必ず次のステップが姿を現すので、どこまでいっても終わりがない状態のこと。つまり、一生懸命勉強をして何かを知れば知るほど、必ず次の疑問がわいてくるということです。

言語とは、もともとオープン・エンドな性質を持っています。たとえば、小さな子どもがいる前で、親たちが会話するとき、「今日は子どもがいるから、基本の五〇〇語だけ使って会話しよう」というふうにはなりません。大人同士で話す場合は、子どもがいても、自分たちが普段使っている言葉で話します。このとき、子どもは、オープン・エンドな言語の構造にさらされており、これを続けることによって言語を習得していきます。それは、言葉の意味を認識する脳の回路が、オープン・エンドな言語の構造に最初から適応しているからです。

ところが、日本の英語教育では、中学校で習得すべき単語数の目安を一二〇〇語程度としています。ということは、中学生の読む英文テキストは、一二〇〇語程度の単語で構成されていることを意味します。それくらいの単語数で表現できることは限られているため、「ミス・グリーンは私たちの英語の先生です」といった無味乾燥な英文しか習うことができません。

これでは、英語の面白さや、奥深さは伝わりません。また、言語の「オープン・エンド性」に対する脳の回路を育むという視点から見て、一二〇〇語に限定するというのは、根本的に間違っています。繰り返しますが、言語はオープン・エンドです。学ぶべき内容を制約し、標準化しようとすることは、英語を学ぶ意欲を失わせることになるでしょう。

また、日本の英語教育は減点主義でもあります。僕の知り合いが、英会話教室を開いていたのですが、そこで教えていた生徒に、ちょっと不良っぽい中学生の男の子がいたそうです。彼は、英語に興味がないのか、アルファベットすらなかなか覚えようとしなかった。それでも、英会話教室に通ううちに徐々に英語に興味を持ち始め、がんばって勉強を始めたときに、学校で英語の試験が行われました。いつもは、ほとんど白紙に近い状態だったのですが、そのときは、とにかく全部埋めて提出することができたそうです。

ところが、いざそのテストが返却されると、いつもと変わらずほとんど、0点に近いような点数だったのです。テストでは、とにかく埋めることができたのに、そんな点数になってしまったのは、ちょっと語順が間違っている、カンマが抜けている、ピリオドを付け忘れている等で、どんどん減点された結果。

これでは、せっかくやる気になっても、そのやる気が、すぐにしぼんでしまっても仕方がないでしょう。カンマやピリオドといった些細《ささい》な間違いにこだわるよりも、今まで白紙で提出していた生徒が、曲がりなりにも解答欄を全部埋めたことを重視するような採点方法に変えるべきだと思います。将来、海外に行ったとき、あるいは外国人と話すとき、白紙で提出した生徒よりも、少しくらい間違っていてもいいから問題に答えた生徒のほうが、英語でコミュニケーションできるはずなのですから。

21　日本語を介在させずに英語を学ぶ

日本人が英語ができない理由は、日本の英語教育が間違っているからだというお話をしました。今まで長い年月を英語学習に費やしてきたけれど、それでも英語が話せるようになっていないのだとしたら、これまでの勉強の方法を変えるしかありません。

そこで、僕がお勧めする英語学習法をご紹介したいと思います。

基本は、英語を読む、聞く、話す、書くを繰り返すこと、これしかありません。ただ、最初は話したり、書いたりするアウトプットの学習から始めるのではなく、読む、聞くというインプットの学習から始めます。

というのは、子どもを考えてみればわかりますが、生まれてしばらくは話せない時期が続きます。しかし、その間にもお父さんやお母さんがしゃべっていることは、大量に聞いているわけです。そして、ある日突然話し始める。

これはなぜなのかというと、脳の中にある程度の量の言葉が蓄積された時点で初めて、言葉は外に向かって発せられるものだからです。

英語学習においても、自分の脳に英語の言葉が大量に蓄積されるまでは、ひたすら読んで、聞くことを繰り返します。僕がお勧めするインプット学習は、英語の字幕がある映画やドラマを見ることです。映画を見ながら英語の字幕を読むこと、音声を聞くことで、視覚と聴覚両方が鍛えられることになるからです。

ただし、英語が脳の中に蓄積されるまでは、時間がかかるので、英語をひたすら読んで、聞くということを始めても、最初はなかなか伸びないと思います。そこを我慢して乗り越える。するとある日突然、英語が口をついて出てくることでしょう。アウトプットができるようになると、一気に英語力は伸びます。

さらにアウトプットを鍛えるには、話す、書くを繰り返していくことです。日本においては、英語を話す相手がいないから、アウトプットが鍛えられないと思う人もいるかもしれません。実際、話し相手を見つけるのは難しいので、最初は話すことよりも書くことから始めるとよいと思います。書くといっても、ただノートに英文を書いてもリアクションがないため、続かないと思いますので、まずはツイッターに何かつぶやくという形から入るのをお勧めします。

英語を読む、聞く、話す、書く、すべてにおいていえることですが、英語学習において一番重要なポイントは、どんなときでも日本語を介さないことです。ところが、日本では翻訳文化が発展しすぎていて、映画やテレビは字幕がついているか吹き替えになっているし、ニュースは同時通訳で放送されています。つまり、どこの国の言葉でも、即座に日本語に翻訳されてしまうため、日本人は発想の根本にいつも日本語が介在してきてしまうのです。

もちろん、翻訳文化が良くないといっているわけではありません。明治以降、次々に入ってくる西洋の概念を翻訳していったことで、日本語が豊かになっていったことは、誇るべきことです。ただ、翻訳にあまりにも依存しすぎたために、日本人の英語力が伸び悩んでしまったことはたしかでしょう。

のか。

では、日本語を介在させない英語学習とは、具体的にどのような方法のことをいう

僕が英語の本を読み始めた高校生のときから、気をつけていたことは、「リズムを切らさずに英文を読んでいく」ということでした。英文を読んでいて意味がわからない単語が出てきても、辞書は引かずにとにかく読み進める。

当時、トールキンの『The Lord of the Rings（指輪物語）』などを読んでいて、高校生の英語力ではわからない単語もあったのですが、辞書は引かずにそのまま読み進めました。

なぜ、辞書を引かずに英語を読むことが大事なのかというと、母国語と、成長してから学んだ言語とでは、脳内で認知される領域が異なると考えられるからです。

もう少し説明すると、バイリンガルのように幼いころから二カ国語を母国語として話す人は、それが日本語でも英語でも脳の中で認知される場所は同じです。一方で、僕のように中学校から英語を習い始めたという人は、脳内に英語領域と日本語領域の二つがそれぞれ別々に存在していることになります。

したがって、英語を使っているときに、日本語を介してしまうと、英語領域と日本語領域の二つの間を意識が行ったり来たりしなければならず、効率が悪くなるので

す。

中学、高校と日本の英語教育を受けてきた人であれば、ある程度の単語は脳の中に蓄積されているはずなので、意識すれば日本語を介さずに英語を学ぶこともできるはずです。ぜひ挑戦してみてください。

22　英語ができないことによる機会損失

先ほどまでは、英語学習の方法について述べてきましたが、そもそも、どうして英語力を鍛えたほうがいいのでしょうか。

今のところほとんどの人にとって、日本で働いて、暮らしている限り、英語を話す必要はないというのが現状でしょう。だとしたら、英語なんて必要ないのではないか、と考えても仕方がないことかもしれません。

しかし、たしかに今までは日本語だけを使って日本の中でそれなりに暮らしていくことができましたが、これからは違います。今の日本は、経済自体がどんどん縮小してきており、小さなパイをみんなで分けなければならない方向に向かってきています。つまり、日本語の宇宙自体がもはや持続可能なものではなくなってきているのです。

というのは、iPhone や iPad に代表されるように、モノが情報ネットワークと結びついて付加価値を生む「ものづくり2・0」の時代となり、日本はその時代に適応して、生き残れるかどうかわからない状態にあるからです。

今までのようにモノ自体として優秀な製品をつくっていればいいという時代だったら、英語が話せなくても問題はなかったのですが、インターネットが発達した情報ネットワーク時代となり、日本国内だけではモノや情報のやりとりが完結しなくなってきています。そこで、海外に出ていくためには、英語ができるかどうかが、重要なポイントになってくることは、事実なのです。

たしかに、日本固有の文化を守ることには、僕自身大いに賛成の立場なのですが、同時に英語もできるようになっておかないと、その美しい日本語の宇宙自体も守れなくなってしまうのではないでしょうか。

英語力を鍛えなければいけないもうひとつの理由は、「機会損失」です。日本の中には、まだまだ素晴らしいもの、美しいもの、かけがえのない価値を持つものがたくさんあります。もし、我々日本人の多くが英語を使うことができていたら、日本の価値あるものを世界の中で表現し、世界で認められ、磨かれていったことでしょう。

たとえば、岡倉天心が英語で執筆した『The Book of Tea（茶の本）』がニューヨークで出版された一九〇六年ごろ、日本は日露戦争に勝ち、その数年前には新渡戸稲造《にとべいなぞう》が『Bushido: The Soul of Japan（武士道）』を出版し、「武士道」とは何なのかということを説きました。岡倉天心は、武士道みたいなものだけが日本の文化ではないことを世界に示すため『茶の本』を発表したのです。そういった形で、日本文化を世界に対して発信できる人材がいたことで、当時の日本は世界から理解され、ずいぶん助かっていたと思います。

ところが、今の日本人は、世界から理解されることの大切さに気づかずに、機会を逃してしまっています。その損失は、計り知れないものになっているのではないでしょうか。

日本と日本語という、ローカルな美しい宇宙の持続可能性のために。そして世界というグローバルな宇宙の中に受け入れられる機会を損失しないために。この二つの側面から、日本人は、英語力をつけるべきなのです。

日本に暮らして日本語の世界を心地よいと思い、このままで十分だという実感を持っているならば、そのこと自体が、危険な罠なのだという自覚を持ちましょう。

23 留学しなくても英語力は上げられる

たとえば、日本の国をサッカーの強豪国にするためにはどうすればいいでしょう。サッカー選手に憧れて、自分もいつかプロのサッカー選手になりたいと願う、サッカー少年がたくさんいなければ強豪国の夢は実現できません。ワールドカップで勝てるような日本代表選手が出るためには、そこに至るユースレベルからの選手層の厚さと厳しい練習が必要です。

これと同じことが英語についてもいえます。もちろん、日本人全員が英語に熟達して世界に打って出るような人材になる必要はなく、日本の代表となるような人が何人か出てきて、その人たちが世界で活躍すればいいわけです。ただし、そのような日本代表が出るためには、日本全体の英語力の底上げが必要になってきます。

残念ながら、現在の日本の英語は、入試や学校の試験をパスするためのノウハウになってしまっているところがあります。つまり、今の日本は、世界で活躍する英語の日本代表を輩出する環境にはないということです。

では、日本代表となれるような英語の達人を生み出すには、英語圏の国に留学して、何年も英語の世界に浸りきることが必要なのでしょうか。僕は、必ずしもそうとはいきれないと思います。英文学者の斎藤兆史《さいとうよしふみ》さん著作『英語達人列伝―あっぱれ、日本人の英語』（中公新書　二〇〇〇年刊）によると、過去の日本人の中には、外国に一度も行ったことがなくても、ネイティブも舌を巻くほど英語に熟達した人がいたとあります。必ずしも外国に行かなければ英語が上達しないということではないのです。

日本にいても、サッカーでいうと、試合の間ずっとフィールドを走り回っているようなテンションで、英語を学習する人が増えれば、自然と日本代表が出てくるのだと思います。

24　読書することで脳に英語が蓄積されていく

日本語と英語とでは情報量が圧倒的に違います。まずは英語が読めなければ、情報を集めることができず、海外に打って出る準備さえ整わないということです。

英語学習法のところでも述べましたが、英語を上達させるにはまずは読む、聞くというインプットから始めること。そういった意味からも英語を読むことは、基本でもあり、それさえできるようになれば英語力は、どんどん伸びていきますので、読書することは非常に大事です。

ところが、我々が学校教育を通して読まされてきた英文は、日本人向けにやさしく書き直されたものだとか、英語学習のための英文など、たとえるならば、本格的な食事ではなく離乳食のような英文で、それをずっと読まされているのが現実です。『英語達人列伝』に登場する英語の達人たちは、本格的な英文を大量に読んでいます。つまり、今の英語学習者に足りないのは、英文を読む量と、その質です。

僕も英語を読む量は、まだまだ足りないと感じています。読むという行為は、まさに目を走らせて読むというように、マラソンみたいに長い距離をずっと走り続けているようなものなのです。

英文を読むことは、日本語とは違った条件の中を走ることです。そして、小説、エッセー、評論文などさまざまなジャンルの英文を読むことは、いろいろな風景の中を走っていることなのです。

別の言い方をすると、自分の研究している分野の論文しか読まない人よりも、さまざまなジャンルの英文を読んでいる人のほうが、それだけ脳の中に蓄積される言葉が豊富になり、より速いスピードで言葉がたまっていきます。これも大事なコツです。

25　英語が世界の共通言語であり続ける理由

僕は、ドイツ語やフランス語、中国語、韓国語などにも興味があるので、時間があれば学びたいという気持ちはあります。でも、今のところはまず英語をなんとか自分のものにしようと必死なので、他の言語を勉強している時間がありません。

ただ誤解のないようにいっておきますと、僕は英語に肩入れして、他の言語をなおざりにしているのではないのです。なぜ、英語を学ぶかというと、それがリンガフランカ（共通言語）だからです。英語以外の言語はすべて日本語と同じマイナーな言語という立場なのです。英語の優位性は今後も変わることはないでしょう。

なぜ、英語がこれからも世界の共通言語であり続けるといえるのでしょう。スペイン語や中国語が取って代わる可能性はないのか。

僕はないと思います。その理由は英語がリンガフランカになった過程にあります。今、地球上がインターネットによって、ひとつのネットワークに結びつけられていますが、このような出来事は歴史上一度しか起こらないことです。もうすでにひとつに結びつけられてしまったという事実は変わりようがありませんし、その過程で英語が共通言語になっているという事実ももう変わらない。コンピュータは英語を基本にして設計されていますし、科学の世界も英語が中心で、英語の優位性は絶対的なものになっています。

26 英語でやっていく覚悟を持つ

一方で、英語優位になっていくと、日本の大学の立場が劣勢に立たされてしまうという問題が生じます。

理科系の分野ではもうすでに英語が学問のベースになっているので、世界の動きに取り残されるということはないのですが、問題は文系の分野です。日本語で書かれた人文系の書物に、どんな意味があるのかということも含めて、自分たちの存在価値を厳しく問い直さなければならないと思います。

文系の学問は、もともとは日本語の豊かさを表現するという意味においては、意義のあることだったはずなのですが、グローバル化が進む中で日本語中心に行われる学問スタイルにはさまざまな問題点が出てきています。

たとえば、日本の学問の水準が日本国内だけで評価されるローカル・リーグの中だ

Part 2-26

英語でやっていく覚悟を持つ

【Check】

英語上達5つのアドバイス

※あなたの勉強法、チェックしてみよう ☑

1 基本は、読む、聞く、書く、話すをずっと繰り返す □

2 英語が口をついて出るまではインプット（読む、聞く）を意識して大量に集中して行う □

3 わからなくてもあまり辞書を引かずに英語を読み、日本語を介さないで英語と接するようにする □

4 読書の質と量に注意して、小説、ニュース、評論などいろんなジャンルの本物の英語に触れる □

5 英語でやっていく覚悟を決める □

けにとどまってしまい、グローバルな競争に出ていけなくなってしまっていること。また、自然科学系と文科系の学問が共同で新しい分野をつくることが難しいことなどです。

学問体系が文系と理系に分かれているのは日本くらいなので、これからは両者が協力していくことが必要とされていますが、日本では両者の間の溝は深いものとなっています。前述したように、自然科学系の人たちにとっては、英語で学問を考えていくことは当たり前のことになっているため、日本語でやっていこうとする文科系の人たちとは、そこのところで話が全然かみ合わないのです。両者の断絶は非常に深く、そのため共通の制度を設計することが非常に難しくなっています。

逆に、日本語での学問をまったくやめてしまっていいのかというと、そんなことはありません。たとえば、日本人の生活実感を日本語で語らなかったら何語で語るのか。日本語の文化を持続可能なものにするためにこそ、日本語の文化を大切にしつつ、英語で世界に表現していくべきだと思います。日本語の独自性が大切だといったところで、英語が世界の共通言語になっている事実は変えられないからです。

日本の大学の問題以外にも、iPadなどの情報機器は英語が基準なので、情報ネットワークと結びついていかないと経済活動ができない現代においては、覚悟を決めて英語に取り組んでいくしかないのではないでしょうか。

27　論理的な思考能力はなぜ必要なのか?

さて、次に論理的な思考能力の話をしましょう。

これは、日本人に大きく欠けている能力だと思います。アメリカの大学や大学院の入試には、論理的な推論を答えさせる問題がよく出題されます。たとえば、A子さんがB子さんの右隣にいて、C子さんがB子さんの左隣にいて、D君は全員の左側にいるとします、次のうち結論づけられることは何でしょう、といった問題です。

そのたぐいの問題は日本ではあまり出題されることはありません。日本の教育課程においては、論理的にものを考えることは、あまり推奨されていないからでしょう。

では、論理的な思考はなぜ必要なのでしょう。端的に言ってしまえば、行動するときに必要なものだからです。物事を受け身で感じているときは、「ああ、この景色って素敵」とか「大切な人に伝えたい」とか、言っていればそれで済みます。

ですが、いざ行動しようとするときには、やはり理論が必要なのです。日本人が大きなスケールで行動できず、物事が進んでいかない理由には、論理構築力の欠如があると思います。

28 論理パズルで論理的思考を鍛える

それでは、どうしたら論理的な思考は身につくのか、その方法を述べていくことにしましょう。まずは、誰でも簡単にできる方法として、「論理パズル」をやってみることをお勧めします。

論理パズルとは、文章で出される問題文に対して、論理的な解答を出す形式のパズルです。なお、単純な計算問題は通常含まれません。論理パズルといってもわかりづらいと思いますので、問題例を挙げてみましょう。

〔例題一〕

あなたが、ある日出掛けたところ、太郎と次郎の兄弟に会いました。兄弟のうち、ひとりは正直者でいつも本当のことを言います。もうひとりは嘘《うそ》つきで、いつも嘘をつきます。

ただし兄弟は双子のようにうりふたつで、見かけだけではどちらがどちらかわかりません。
またあなたは、太郎と次郎のどちらが正直者で、どちらが嘘つきかを知りません。
あなたは、兄弟のどちらかに、一回だけ質問することができます。
さて、何と質問したら、どちらが太郎でどちらが次郎とわかるでしょう。

〔例題二〕の答え
兄弟のうち、どちらでもよいので「太郎は正直者ですか」と尋ねる。
その質問に対してYESと答えれば、返事をした人物が太郎である。NOと答えれば、その人物は次郎である。

〔論理の解説〕
もし、質問に対して「はい、太郎は正直者です」と相手が答えるなら、「太郎は正直である」という相手の主張が正しいか、正しくないかの二通りのケースが考えられる。
主張が正しければ、太郎は正直者であり、答えている相手はいつも本当のことを言う太郎ということになる。

主張が正しくなければ、返事をした相手は嘘つきということになり、「太郎は正直者です」という主張も嘘なので、その相手はいつも嘘をつく太郎ということになる。つまり、太郎が正直者か嘘つきかは別として、「はい」と答えた相手が太郎だということである。

また、質問に対して「いいえ、太郎は正直者ではありません」と相手が答えるなら、「太郎は正直者ではない」という相手の主張が正しいか、正しくないかの二通りのケースが考えられる。

主張が正しければ、太郎は嘘つきであり、答えている相手はいつも本当のことを言う次郎ということになる。

主張が正しくなければ、返事をした相手は嘘つきということになり、「太郎は正直者ではない」という主張も嘘なので、その相手はいつも嘘をつく次郎ということになる。つまり、次郎が正直者か嘘つきかは別として、「いいえ」と答えた相手が次郎ということである。

〔例題二〕

またある日、あなたが出掛けたところ、ふたたび太郎と次郎の兄弟に会いました。

相変わらず二人はうりふたつですが、あなたは、今日は、太郎と次郎を見分けるより、どちらが正直者かを知りたいと考えています。

あなたは、兄弟のどちらかに、一回だけ質問することができます。

さて、何と質問したら、どちらが正直者かわかるでしょう。

〔例題二〕の答え

兄弟のうち、どちらでもよいので「あなたは太郎ですか」と尋ねる。

答えがＹＥＳであれば、答えた相手が正直者か嘘つきかに関係なく、太郎が正直者で次郎が嘘つきである。ＮＯであれば、太郎が嘘つきで次郎が正直者である。

〔論理の解説〕

もし、質問に対して「はい、私は太郎です」と相手が答えたとする。相手が真実を述べているなら、返事をした相手は太郎で、太郎は正直者ということになる。また、相手が嘘をついているなら彼は太郎ではないことになり、この場合も太郎が正直者で、次郎が嘘つきということになる。

また、質問に対して「いいえ、私は太郎ではありません」と相手が答えたとする。

その答えが真実なら、返事をした相手は次郎で、次郎は正直者ということになる。
また、その答えが嘘なら、返事をした相手は太郎ということになり、太郎が嘘つきで、次郎が正直者ということになる。

論理的な思考を身につけるもうひとつの方法は、「行動する中で科学的精神を身につけていくこと」です。

僕が、最近読んだ本の中で、一番見事な論理の適用だと思ったのは、リチャード・ドーキンスの科学的精神の普遍性と反宗教を説く『神は妄想である―宗教との決別』（垂水雄二訳　早川書房　二〇〇七年刊）です。

ドーキンスは、この本の中で、我々の倫理観というのは、宗教から導き出されるといっている人たちがいるが、実際はそうではなく、宗教とはまったく独立した進化論的なメカニズムで倫理的な規則は導かれるといっています。

その証拠に、聖書の記述を見ると、その中には「汝《なんじ》の隣人を愛せよ」とか「汝の敵を愛し、汝らを責むる者のために祈れ」といった言葉のように、今の我々の倫理観と合うものもあるのですが、まったく合わないものもあります。

たとえば「大切な客が来ているときに、ならず者がやってきたら、自分の娘を差し出す」などは、今の倫理観には到底合いません。聖書が我々の道徳の基礎だといっている人は、聖書とはまったく独立して進化している道徳の基準に合うものを、聖書の中から時代ごとに見つけてきて、ただそれを論拠としているにすぎない。

こういったことをドーキンスは、非常に理路整然と述べています。これこそが論理的な思考というもので、これからのグローバリゼーションの時代にはものすごく大事なことです。

たとえば、何年か前に流行《はや》ったホワイトバンドプロジェクトでは、「ホワイトバンドをつけて、世界の貧しい人々を救おう」というキャンペーンが行われていました。ホワイトバンドプロジェクトを含め、日本で行われるその手のチャリティーイベントのほとんどは、残念なことに、論理的な思考の上には成り立っていませんでした。「世界の貧しい人々を救おう」というスローガンには誰だって賛同します。けれども、その後の「では、どうしたら貧しい人々を救えるのか」というロジックがないのです。チャリティーに限らず、たとえば、少子高齢化が問題だといわれていても、その問題は一向に解決の方向に向かっていきません。婚外子の数が、他の先進諸国と比べたときに日本では、圧倒的に少ないというデータが出たとします。そうしたら、結婚しないで、子どもを産んで育てる人を支援するような制度をつくってみてはどうか、といった議論になってもいいはずですが、そうはならない。結局は、精神論で終わってしまったりします。

第二次世界大戦中に、イギリス軍がまずやったことは、水と食料とトイレの確保です。ところが日本軍は、「一億玉砕」とか「鬼畜米英」といった精神論を並べるばかりでした。当然、戦う上で大事なのは、精神論より水と食料とトイレの確保です。それがなかったら、戦えません。論理的に考えることがとても大切なのです。

論理的に考えること自体は、トレーニングを受ければ、できると思います。それは、論理パズルだったり、科学の基本的な考えを理解しておくことで鍛えられます。ですが、それよりもっと大切なことは、経験的な事実とすり合わせてきちんと考えていくこと。言い換えれば、思い込みで判断しないで、実際のものを見てみるということです。

Part 3

人生を全力で踊る。楽しむ。

01　根拠のない自信を抱く

「茂木さんには根拠なき自信がありますよね。どうしてですか」

　ときどきそう聞かれることがあります。僕はいつも、それには「走り続けているからです」と答えます。うぬぼれているからとか、能天気だからとかではなく、そこには、僕の、物事に向かう姿勢が影響しています。

　僕が読者の皆さんに伝えたいことのひとつは、この「走り続ける」感覚です。

　これはワールドカップのサッカー選手にも通じる感覚かもしれません。与えられた時間内を一生懸命疾走し続ける。その感覚を日常生活の中でも実践してほしいのです。

　与えられた時間というのは、私たちにとって、一生ということです。僕は今後もおそらくずっと走り続けていくと思うのですが、この感覚は、その人の人生を豊かなものにすると思うのです。

　この思想を支えるポイントはいくつかあります。

　ひとつ目は、「ベスト・エフォート方式」というものです。

　いくつもの、やらなければならないことを、同時多発的に抱えている状況が普通の現代人にとっては、仕事が常にたまっていく感覚というのは、かなり大きな心的ストレスになるものです。

「どうがんばっても、終わらないんじゃないか」

そんな不安を抱き続けている結果、かえってやる気を失ってしまう。

要するに、人生においてやるべきことが多すぎて、どれをやったらいいのかを絞りきれないのです。そして結局は何もしないでダラダラと時を過ごしてしまう。

「ベスト・エフォート方式」とは、とにかく「やらないよりはやったほうがいい」というシンプルな真理に基づいています。どうせすべていずれやらなければならないことならば、「どれを優先すべきか」「どうやって大量の仕事を片付けるべきか」を考えている時間は無駄であり、その時間をとにかく作業にあてたほうがいい。今ここにある自分の時間を、一刻も早く仕事に投入するのです。

二つ目に大切なことは、「振り返らないこと」です。

別の言い方をすれば、失敗を引きずらない、反省しない、ということになるかもしれません。

日本人はとかく反省したり過去を振り返ったりしがちです。自分が行ったことや選択したことを、常に立ち止まって振り返りながら、それが「正しい選択だったのか」、それとも「間違った選択だったのか」、あるいは「他に手がなかったのか」を反省しています。

しかしそれは疾走とは真逆の行為です。反省とはすなわち佇《たたず》むことだからです。それがいきすぎると、いつの間にかぼんやりと立ち止まって考え込んでしまっていることになります。自分が何かをしないことの言い訳を一生懸命探している人は少なくありません。

だけどそんなことをしている暇があったら、とにかく走りだしたほうがよっぽどいい。少なくともそれは何かの成果を生み出すのですから。

02　反省とはやっかいなもの

「ベスト・エフォート方式」とは、ある意味開き直りの精神にも通じています。

「自分が今できることを精いっぱいやる。それ以上できなくても仕方ない」

そう開き直ることで、少なくとも次の一歩は踏みだせます。それは立ち止まっているよりもはるかに進歩のあることではないでしょうか。自分で自分の背中を押してやるということ。

そしてその結果、物事が思うようにいかなかったとしても、それはそれで仕方ないこととあきらめて、下手に振り返ったりしない。それがとても大事なことだと思うのです。

「過去の失敗から学べ」という言葉があります。しかし、この精神は実はやっかいな面も含んでいます。反省とは、脳のオペレーティング・システムを書き換える作業を伴うからです。

たとえばある行動をとってしまって、「それが失敗だった！」とわかったとします。そしてその結果に至るまでの経緯を詳細に分析して、二度とその失敗を繰り返さないように深く反省するとします。

しかし実際には、その行動を起こしたからには、そこにはその人なりの価値観や世界観もかかわっていたはずです。となると、その価値観や世界観からして反省しなくてはならなくなり、しかし、そのような根本的な概念を脳内で書き換えるためには、それなりの時間もかかることになる。一年、二年、下手をすれば十年くらいかかることもあります。

問題はそのような時間を、待っている余裕が僕たちにあるかということです。

サッカーのゲーム中に、先ほど自分が蹴り出したボールがはたして最善の選択だったか、立ち止まって反省している選手はいません。それよりも新しいボールをどのようにシュートに結びつけるべきか、そのことに専念することがもっとも必要な行動のはずです。

緊急時において、立ち止まって考え込むような猶予は与えられていません。そういうことは走りながら考えるしか術はないのです。間違いなく今、社会全体が緊急時に陥っている日本では、ゆったりと反省という甘い時間に浸っている余裕はないのです。

では、常に走っている人というのはどういう人のことを指すのでしょう。

「この人は力いっぱい人生を走りきっている」

そう確信したのは、北野武さんにお目にかかったときのことです。

彼は、聞くところによると、一週間か二週間ずっとテレビの仕事を続けたあと、今度は一週間、二週間を完全なオフにして、その間を利用して映画を撮ったりしているそうです。またその一方では自分で油絵を描いたりもしている。

つまり北野武という人は、テレビ番組のレギュラーをあれだけ持ちながら、自分で映画監督もしながら、油絵も描いているのです。これぞ常に走り続けている人生ではないでしょうか。

けれどもここで大切なのは、そこまで全力疾走しながらも、本人は別に「疲れた」

とは思っていないだろうということです。それどころかどんどん新境地にチャレンジし続けている。その姿には感嘆するばかりです。

なぜあれほど人生を猛スピードで駆け抜けながら、その勢いが失われないのでしょう。

それは疾走することがもう癖になっているからだと思います。たとえば今までずっと停滞していた人が、いきなり全速力で短距離を走ったら……。それはおそらくしばらくは疲れがたまることでしょう。しかし常に走り続けている人は、あるリズムをすでにつかんでしまっているので、傍から見ると「なんでこの人はこんなにもたくさんのことをやれるんだろう」と思うような生活を送っていても、意外と本人に疲れはないものなのです。

03 ニーチェの舞踏

人生を思いっきり疾走する感覚。それは常に僕が自分自身に与えている人生のリズムですが、このような感覚は、今から思えば高校時代に読んだニーチェに影響を受けているのだと思います。

ニーチェの重要な思想に、Tanzen《タンツェン》すなわち「舞踏」の概念があります。大地を蹴って踊る。

人生の中で自分が今やっていることに意味を求め始めると、人生は重いものになります。

「自分が今やっていることに意味はあるんだろう」

「このことに、究極的に意味はあるのだろうか」

そういう疑問は、生きていればどうしてもわいてくるものですが、そういうことを考え始めたら最後、意味探しに神経が集中してしまって何も手につかなくなってしまいます。そして、往々にして、それがサボることの理由になってしまう。「自分がやっていることに意味はないと思う。だからやらない」と。

たとえば大学入試です。僕も当時悩みました。

「こんな試験の準備をしたからって、人生にとって何の意味があるんだろう」

そもそもこのような問いを思いついてしまうことは、受験生にとっては危険極まりないことです。あるいは会社員が、「こんな仕事にいったい何の意味があるんだろう」と疑問を抱き始めてしまったら。

ニーチェの「舞踏」の概念は、つまりは意味を問わないということだと僕は解釈しています。とにかく「意味など問わないで人生を踊れ」ということだと。

高校生のとき、『ツァラトゥストラはかく語りき』を読み、それ以来ニーチェの思想にかぶれた僕は、「ああ、そうか。踊ればいいんじゃないか」と気づきました。「意味を考えるのも大切かもしれないけれど、その意味が見つからない場合は、四の五のいわずに踊ればいいんだ」と。

それからようやく僕は、大学受験も楽しむことができました。「くだらないな……」と頭の片隅で思いながらも、あえてその意味を問わずに踊るコツを身につけたのです。もしそのことに気づけなかったとしたら、もしかしたら受験期は乗りきれなかったかもしれません。

自分の人生について、何らかの意味をそこに見いだそうとしているときというのは、たいてい不調な時期であることが多いものです。今から振り返ってみても、「ああ、あのときは不調なときだったな」と思う時期が僕の中でも何回かあります。大学で物理学部を一度終えてから、再び法学部に入ったときなどは、その典型的な例です。

「なんで俺は物理をやっていたんだろう」

そう思い、法学部に行ったら行ったで、

「なんで俺は法律の勉強をしなくてはいけないんだろう」

とグルグルと悩んでいる。なんとも非生産的な時間です。たいていそんなことを考えている時期というのは、精神的に不調の真っただ中にいるものです。

ただ、不調なときには不調なときでやるべきことがあるものです。たとえば映画を見まくったり、本を読みあさったり、何かにとりつかれたかのようにオペラに通い続けたり。そのときは悶々《もんもん》と悩みながらも過ごしたことが、あとになって役に立つのです。それについては、僕の人生を振り返ってみても確信が持てます。自分の価値観や世界観がその間に培われるのですから。

あるいはそれこそが、脳のオペレーティング・システムが書き換えられている時期なのです。この作業にはそれなりの時間がかかると先に述べましたが、それは自ら求めなくても、このような不調なときに自然に行われるものなのです。

04　人生の意味を問うのはときどきでいい

人生の意味を問うのはときどきでいいと僕は思っています。

数字にするならば、一パーセントくらい。あとの九十九パーセントは踊っていればいい。

「これをすることに意味はあるのか」

「そもそも生きていることに意味はあるのか」

生きていれば人間誰しも、このような問いに自らとらわれてしまうこともあります。その悩み自体が意味のないことだとは思いませんが、気をつけるべきはこのような問いには答えがないということです。考えて考え抜いた末に、画期的な策や答えが出るならばいいですが、そもそも誰にとっても答えが用意されていない問いを繰り返し続けることは時間の無駄にもつながります。

だとすれば、考えるよりも行動するほうが、まだしも何かを生み出します。

たとえば「今の仕事に意味はあるのか」というような問いも、答えが出なければ「とりあえずお金にはなるからいいのだ」と考えるほうがいい。

お金は大切です。どんなお金であれ、やってくる機会を大事にしましょう。マネーロンダリング（資金の洗浄）という言葉がありますけれども、お金は、もうけた時点でもうロンダリング（洗浄）されていると僕は思っています。ひとたび手にすれば、自分次第でいくらでも美しく使える。

お金のことを考えるのは品のないことだと思っている人もいるようですが、僕はそうは思いません。そもそもプロは、お金をもらえなくてはプロとは呼べません。お金を人生の第一義におくのはどうかと思いますが、お金を馬鹿にしたり、必要以上にお金の価値を下におく必要もありません。お金があることにより、その人ができることの範囲はぐんと広がるのですから。自分が使わないのであれば、親を旅行に連れていくのでもいい、社会に役立てるのでもいい。

実際お金がなくて日々の糧にも困るようになったら、人生の意味どころではなくなります。僕は高校時代から家庭教師や模擬試験の採点のアルバイトを続けていましたが、そのこと自体に意味は感じられなくても、「お金になるのだからこれでいいんだ」と思い続けてきました。たとえば採点作業のアルバイトなどは結構つらいものでした。けれども一枚採点して百円くらいというのは、当時学生の身分としては相当ありがたいものです。八百枚を採点すれば、八万円もらえるのですから、大学院生にとっては馬鹿にならない金額です。僕はそのお金でオペラを見に行ったり本を買ったり、旅行に行ったりできたのです。

でもそれだって、「こんなことをやっていて何になるのか」とか、「そもそも模擬試験に何の意味があるんだ」なんて問い始めたら、余計につらくなるばかりです。

意味を問わずに無心に踊る。

そのための頭の使い方を獲得してきた学生時代だったと思います。

05 フリーランスで生きる自由さ

肩書きや組織に頼りきっている人というのは、そもそも存在自体が重い気がします。まったく踊れていない人だからです。

たとえば何かの製作現場において、さまざまな人を観察しているとよくわかります。その現場で働いているスタッフたちは一生懸命体を張って踊っているからいいのです。しかし、そこに肩書きを掲げて監視に来ている人などは非常に重い。何か自主的にものをつくることに興味があるというよりは、自分の地位を示すことに目的をおいての監視だから、意味のない横やりを入れたりして現場の士気やリズムをかえって乱すことになります。

しかし世の中にはそのような人が大勢いるのもたしかです。

そのような人に対してはどう接すればいいでしょうか。

地位や肩書きがあるからまるっきり無視はできない。かといって彼らに合わせていたら、こちらがどんどん身動きができなくなってしまいます。自分たちが力を合わせてつくり上げているもののクオリティが下がってしまったり、スケジュールがどんどん遅れたりする。

このような場合は、あまり周囲に自分を合わせないことも必要です。

若いころはたしかに戸惑います。そのような地位や肩書きを持った人は、とても偉い人なのだと思って必要以上に気を使ってしまう。けれどもそういう人たちは、踊りもせずにただただ地面に足をのめり込ませるだけなので、それに合わせていると自分まで踊ることを忘れてしまいます。ある程度の距離をおいて、自分なりの舞踏のリズムを刻むことが必要です。

そうやって勝手にやっていれば、そのうちに周囲の人も「ああ、あの人はそういう人なんだ」と思ってあきらめてくれます。

06　テレビを見ない理由

最近、僕はほとんど地上波テレビを見なくなっています。その理由はネットがあるからです。テレビは、スポーツの生中継などのエンターテイメントとしては、見る価値がありますが、情報源としては、ネットの後追いになっています。テレビを見ることの必要性。これは今やほとんど失われつつあるのではないでしょうか。

インターネットの向こうに素晴らしい可能性が広がっていることの意味を、僕らはまだ十分に認識していないと思うのですが、ひとつはっきりといえることは、インターネット以前のテレビ全盛期は、いわば野蛮な時代だったということです。テレビにわずかにあるチャンネル、それはつまりメディアのほうが勝手に流してくる情報を、「この中から選んでください」という誘いの手法だったのです。これは視聴者側にとっては、完全なる受身の姿勢です。まったくもって能動的ではない。限られた中でのみ「自由に選んでください」と言われているようなもので、結局は自ら自由に選択してはいないからです。

しかし、今や時代は変わりました。最近、アメリカのニュースを読んでいて、「ジェネレーションC」という言葉を見つけました。ジェネレーションCの「C」とは、curationのCを指します。ジェネレーションCとは、自分で情報を集めてきて、それを取捨選択し、自分なりに編集する世代のことをいいます。場合によっては、自ら発信し(creation)、多くの人とつながってその情報を共有することで(connection, community)、さらに有益な情報を得ることも可能です。

要するに、情報とは他人から与えられるものではなく、自分から求めに行く時代になったのです。メディアが流してくれる情報を、何も考えずに受け取っていればいい時代は去り、こちらから積極的にアクセスし、編集していかなければ、何ひとつ有益な情報にはたどり着けなくなってきたのです。

たとえばYouTubeで何かを見ようとしても、ネットで検索をかける時点で、その人の見識や素養が表れます。ニュースを見るにしても、勉強をするにしても、何のキーワードを打ち込むかでその人のレベルがわかるようになってきたのです。

それから、インターネットには、本人だけの力では短時間では得られないような情報が一気に入手できる利点もあります。

たとえば僕がバソン（フランス式ファゴット、もしくはバスーン）の音楽を聴きたいと思い、YouTubeで検索したとします。本当は僕が聴きたかった曲は決まっていたのですが、その瞬間に出てくるリストを見て気が変わったとする。YouTubeはそれを利用している人々の人気投票でランキングが決まりますから、そこには、もしかしたら僕の偏った好み以外に、多くの人の勧めている名曲があるかもしれないのです。

ベートーベンの曲にしても、僕が好きな後期のピアノソナタはすでにこれまでも十分に聴いていますが、それ以外のものについて勉強しようと思ったら、YouTube上には意外に充実したベートーベン・プログラムが組み立てられています。

とにかくネット上には、やるべきことが無限にあり、その中に潜む「偶有性」は、一方的に流されてくる既存のメディアに比べると格段に増大しています。

自分が予想していたことと、予想できなかったこと。つまり、自分が欲しかった情報と、これまでまったく知らなかった新たな情報。ネット上にはそれらが混ざり合った「偶有性」が無限にあるのです。

07 モノや情報ではなく、プラットホームを提供する

僕は、昭和三十七年生まれなのですが、昭和三十年代から五十年代くらいまでは、みんなが同じものを見たり、聞いたりしていた時代でした。紅白歌合戦に出場する歌手の歌は、日本国民なら誰でも知っていたし、視聴率も七十%くらいありました。

けれども今は、ジェネレーションCに象徴されるように、みんなが好きなもの、知っているものがあるのではなく、それぞれが好きなもの、興味のあるものを追求していくことが常識となりました。

今の時代は、従来のようなメガヒットやトレンドは生まれにくくなっています。たとえば出版社などは、より多くの人々に、書籍や雑誌などを提供する技術を長年に渡って追求してきましたが、それでは多様化する消費者のニーズに応えることが難しく

なってきたのです。だからといって、出版社が多様化する消費者の好みに合わせて、数多くの出版物を出版するとなると、コストばかりがかかって儲《もう》けが出なくなってしまいます。

そこで登場したのが、YouTube や Amazon に代表されるプラットホームを提供する会社です。YouTube は、アメリカに本拠を構える YouTube, LLC が運営するインターネット動画を提供する会社ですが、会社自体が動画をつくっているわけではありません。つまり、YouTube から提供される動画は、ユーザーからの投稿という形をとっています。つまり、ユーザーが動画を投稿できる場を提供しているだけです。

Amazon も同じです。Amazon は、書籍を中心としたネット通販サイトですが、出版社のように書籍をつくっているのではなく、商品を売る場を提供しています。

このようにプラットホームをつくることができれば、多様化する消費者のそれぞれの好みや趣味に合わせてモノや情報を提供することができる上に、場を提供した会社も利益を上げることができます。要するに、YouTube 上でどんな動画を見るかは人それぞれですが、みんな YouTube というプラットホームを使うので、YouTube は儲かるというわけです。

実際に、YouTube は月間のユニークユーザー（ウェブサイト、またはウェブサイト内の特定のページを訪問した人の数）が十億人を超えたと聞きました。十億人もの人が、YouTubeに一カ月に一回はアクセスしているということです。

また、大きなムーブメントにはならないけれど、小さいコミュニティの中でのブームや交流は、ネット上のほうが起こしやすいという利点もあります。ネットが登場する以前は、自分が興味を持っているマイナーなものについての情報を集めたり、仲間を見つけるのは至難の業でした。

ところが、ネット上では、さまざまな嗜好を持った人たちが、マスメディアでは紹介されることのない情報を提供してくれています。そして、仲間も簡単に見つけることができるようになり、小さなブームなら誰でもつくれるようになったのです。

自分なりの興味を追求したり、そこで小さなブームを起こしたり、マイナーな趣味を共有できる仲間をつくれるという点においては、今の時代ほど楽しい時代はないのではないでしょうか。

08 ツイッターで誰をフォローするか

従来からある新聞、書籍、テレビ、ラジオなどの情報源に、インターネットから得られる情報が加わったことで、ますます情報があふれ、錯綜しています。このような状況になると、情報の正誤やクオリティを判断することが大切だといわれます。東日本大震災のときも、さまざまな情報が飛び交う中で、デマや嘘の情報もあり、どの情報が信頼できるのか、という議論がなされました。

たしかに有益な情報を得るためには、情報の取捨選択が大切なのですが、それ以上に問題なのが、ほとんどの人がネット上にある情報のごく一部にしか触れていないということです。たとえば、検索サイトのYahoo! JAPANにあるトピックスは、日本国内の情報に特化しているので、そのサイトだけをチェックしていても、海外から発信された重要な情報に出会わない可能性は大いにあります。

ネットから得られる情報は、テレビや新聞などとは違って、与えられたものをただ受け取るのではなく、どこから情報を拾ってくるかは自分自身の手に委ねられています。言い換えれば、情報収集のチャンネル権は自分自身にあるということです。したがって、情報を収集する際に、かなりアクティブにかつ賢くやらなければ、自分が生きる上で必要な情報が得られない時代になってきています。

ここで、実際にあった出来事を例にとって説明しましょう。

先日、ＭＩＴのメディアラボ（米国マサチューセッツ工科大学建築・計画スクール内の研究所）の所長をしているジョイ・イトウ（伊藤穰一）さんと、スカイプ（ユーザー間で世界中どことでも無料で話せるインターネット電話）を使って対談しました。

そのときに、僕がこの対談を後で文字に起こしたいから、録音させてほしいと頼むと、「それなら、〇〇っていうソフトをダウンロードすれば、スカイプを録画するのは簡単だよ」と教えてくれました。早速、試してみると、そのソフトをダウンロードして録画するまで、わずか一分でできてしまいました。

そのときの僕には、〇〇というソフトを使うとスカイプが録画できる、という情報が必要でした。でも、その情報はテレビや新聞では得られません。テレビや新聞で得られるのは、スカイプという音声通話ソフトがある、という情報くらいです。何が言いたいのかというと、既存のメディアからの情報を受動的に受け取っているだけでは、自分の可能性を広げてくれる情報には出会えないということです。

では、自分の可能性を広げてくれる情報に出会うためには、どうすればいいのか。さまざまな情報に触れて、自分にとって必要な情報を取捨選択する目を養う、というのがもっとも正当な方法ですが、それをするにはその人自身にある程度の知識がないとなかなか難しいかもしれません。というのは、知識がないのに、いたずらにネットサーフィンをしても、余計な情報ばかり入ってきて、それに振り回されてしまうことにもなりかねないからです。

そこで僕がお勧めするのが、知識や見識のある人のツイッターをフォローする、という方法です。ツイッターで誰をフォローするかで、必要な情報を手に入れられるかどうかが決まるといってもいいくらい重要なことです。実際に、誰をフォローするかは、自分の尊敬する人や、興味や必要に合わせて選べばいいでしょう。また、英語のツイッターをフォローしておくと、日本では紹介されていない情報が得られるという利点があります。

あとは、必要な情報を得るということとは、矛盾するかもしれませんが、ちゃらんぽらんに情報収集することも大切です。いつも同じサイトに行ったり、自分がフォローしている人のツイッターからの情報しか見ていないと、知らないうちに情報に偏りが出てきて、掘り出し物の面白い情報に出会えなくなってしまいます。

09　無限の選択肢

以前、講演会で自分から発言した小学校四年生の男の子がいました。

「じゃあ、先生みたいに日本の大学に行ってもしょうがないんですね。僕はアメリカの大学に行きたいんですけど、高校からアメリカに行ったほうがいいんですか」と。

「別に日本にいたって、今はネットで検索すればいくらでも欲しい情報は得られる。だから別にどこかに行かなくてはならないという時代ではもうないんだよ。どこの国にいたって、自分の心がけ次第で世界はいくらでも広げることができるんだから」

そう言いかけた僕は、「ああ、そうか」と気づいてこう言いました。

「君はまだ小学校四年生なんだ。だったらまだ自分では検索はできないかもしれないね。だけどお父さんやお母さんに聞けば教えてもらえるから」と。

するとその子は、

「僕は今、英語をやる小学校に行っているんです」と答えました。

それを聞いて、時代は変わったなと感じました。

僕が子どものころは、「普通の子ども」「普通の大人」という、何か「普通」の典型が存在していました。たとえば仕事が終わって帰ってきた父親が、プロ野球中継をテレビで眺めながらビールを飲みつつ、「原！　何やってんだ！」と叫ぶようなイメージ。もしかしたら、そのような人種はもういなくなってきているのかもしれません。

要するに、人間の種類が多種多様になってきているのです。その理由は、インターネットの出現により、僕たちにはものすごく膨大な選択肢が与えられるようになったからです。

先日新聞を読んでいたら、筒井康隆氏が大江健三郎さんからディケンズの『荒涼館』という小説を勧められたという話が載っていました。『二都物語』や『デイヴィッド・コパフィールド』のような代表作ではない、ものすごくマイナーな作品で、ポストモダン的な作風らしいのですが、たとえば本を読むという選択ひとつをとっても、他にもやらなくてはならないことが山積みの現代人には、もしかしたらその「読みたい」と思っていた一冊すら読めずに一生を終える可能性だってあるわけです。

その膨大な可能性をつくりだしたのがネットなわけであり、その意味ではネットの可能性を讃えるとともに、僕たちはそのネットの持つ恐ろしさ、凄《すご》さも理解する必要があるのかもしれません。

10　ネットを使いながら人生を移動していく

ネットの賢い使い方とはどのようなものでしょう。

それは机の前にどっかりと腰を据えてネットの画面をただただ眺め続けるようなものではなく、常に情報を収集しながらも、その実践として自らの体を動かして行動していくやり方です。たとえば、東日本大震災のときには、ツイッター上で多くの人たちによって有用な情報提供がなされ、実際に活用されたことは記憶に新しいでしょう。つまり、ネットの素晴らしさとは、単に検索をして情報を得るところにあるのではなく、それによって自分が自由に行動できる範囲が格段に広がった点にあるのです。

検索をして得た情報によって、行動が変わる。人生が変わる。ネットの中の「偶有性」と、個々人が持つ自身の「偶有性」の二つが共振することで生まれる新たなる可能性。それを見つけだすのがこれからの時代なのではないでしょうか。

もうひとつ、ネットの持つ意味は、それが自分の考えのたたき台になるという点です。たとえばブログやツイッター上で僕が発言した言葉は、多くの人の脳内を経て、再びレスポンスとして僕のところに返ってきます。僕はそこにさらに新しい考えを乗せて返すわけですが、このようにしてひとつのアイデアがどんどん形づくられていくことの面白さもネットならではの可能性です。

完全に成熟してはいないけれども、今このときに言うべきこと。それをネット上に公開することで、さまざまな方面からのレスポンスが返ってくる。その中には誤解や、読み足りないことで生じる意見もありますが、中には本当に鋭い意見を言ってくれる人もいます。僕らはそれを下地に、さらに意見や考えを発展させることができるのです。

そうやってお互いにお互いのボールを回し合うことが、今のツイッターを中心とするネット文化の可能性です。お互いのボールのパス回し。そのスピード感が、ちょっとかつてないくらいの速度に高まってきています。

その中で自分に何ができるのか。それが今の時代のもっとも重要なテーマではないでしょうか。

たとえば今僕がツイッターでフォローしているのは、文化人を中心として千四百人くらいですが、彼ら全員と一対一のメールの交換をしようとしたら、いったいどれくらいの時間がかかるでしょうか。というよりも、むしろ不可能なことかもしれません。

それが今やいちいち個々に連絡を取り合わなくても、お互いに何を考えているかがわかるのです。ネット上に文壇ができつつある、といったら言いすぎかもしれませんが、ともかく「偶有性」のパス回しの関係は、次第に整いつつあります。少なくともオピニオン形成の場としては、完全に新聞やテレビの地位を抜いて大いなる力を持ちつつあります。

スピード感と方向の自由、しなやかなつながり。そこには肩書きや組織は一切関係してきません。完全にひとりひとりの人間としての思考がすべてなのです。

ツイッターに関しては、以前こんなこともありました。僕の知り合いのピアニストが、「選挙カーがうるさいのでやめろ」ということをツイッター上でつぶやいたのです。僕もそれには同意見だったので、そのような趣旨の発言をしたところ、実にさまざまな人からすばやく意見が集まりました。

その中には、「視覚障害の人にとっては音声が流れる選挙カーの存在が大切なんだ」という意見が、以前テレビで議論されていたという情報も混ざっていました。僕としては、それを読んだとき、ナンセンス以外の何物でもないと思いました。なぜ候補者の名前を連呼するだけの選挙カーが、視覚障害者にとって大切なのでしょう。あんな騒音が何らかの有益な情報を彼らに与えているとは到底思えなかったからです。

でも大切なのは、その情報の内容ではなく「そういう意見が以前出ていたのを聞きましたよ」という情報提供です。なぜなら、その人がその論点を提供してくれたおかげで、「ああ、世の中にはそのように考える人もいるんだ」と気づくことができるからです。

そして、もっと大切なのは、「ならば視覚障害の人は、どうやって選挙情報を入手しているんだろう」とか、「彼らが苦労なく選挙情報を手に入れられる方法はどのようなものがあるのだろう」ということに僕たちの思考が伸びていくということです。

それはもはや「選挙カーの存在が必要かどうか」という当初の論点から外れてしまっていますが、選挙のアクセシビリティを上げるという意味では、より深くより遠くに視点を伸ばすことができます。

また、この選挙カー問題に関しては、政治評論家の上杉隆《うえすぎたかし》さんが「選挙カーというのは改装に一千万円かかるんだ」という情報を教えてくれました。このようにわずか最初のつぶやきから二十秒ほどのうちに、これだけの情報が集まってくるというのは、つくづくいい時代になったと思います。

もうひとつ、ツイッターのいいところは、誰もが読めるという点です。

今いったような話題は、たしかに僕のツイッターのフォロワーが五十万人ほどいるから集まってくる情報かもしれません。しかし、ツイッターの醍醐味《だいごみ》は、仮に自分のところに来た情報でなくても、他人のツイッターから情報収集できるという点なのです。つまり必ずしも自分のフォロワーの数を増やさなくても、フォロワー数の多い人のツイッターを眺めていれば、まったく同じ情報量を得ることができる。

それがたとえば、孫正義《そんまさよし》さんのように百九十万という驚異的なフォロワーを抱えている人のツイッターであれば、その百九十万という孫正義ツイッター経済圏の中でどのようなやりとりがなされているのかも、僕らは知ることができる。

そのスピード感こそが、まさに「踊っている」ことに他ならないと、僕は思うのです。インターネットというのは、ニーチェのいうTanzen（舞踏）の思想が実現したようなメディアだと実感しています。

11　ネット上ではみんな平等

ブログ上で影響力を持っている人という意味では、ポール・クルーグマンなどもいますが、ネットの良いところは、クルーグマンですらネット上では一ブロガーにすぎないところです。ネットは限りなくフラットな世界なのです。誰もが平等であり、仮に実社会においてどんなに有名で、どんなに権力を持っていたとしても、ネット上では平等に判断される。それはインターネットの特徴でもあり、同時にこの時代の精神でもあります。

社会の側に「この人の発言はとても重いものである」という一般常識のようなものがあり、だから会場で恭しく拝聴する、というようなものではなく、単純に「この人のいうことはいつも面白いから」という理由でそのブログの読者になる。クルーグマンが何者で何を行ってきた人なのかということは、極端な話としてどうでもよく、ものすごくフェアに接することができるのです。どんなにお偉い人であっても、書いていることがつまらなければ、読むのをやめればいいだけなのですから。

「つまらなければ誰も読んでくれない」

その感覚を心地よいものとして感じられる人でないと、これからの時代にはもう輝くことは不可能です。それが嫌だという人は……何か別の世界を眺めてしまっているのだと思います。昔のように、肩書きや地位で二重三重に守られている時代が懐かしい、などと思ってしまっている人は、今のネットの可能性を十分に活かしきることは難しいのではないでしょうか。

12　子どもはずっと踊っている

僕の思想的バックボーンはニーチェにある。そのことを発見したのはつい最近です。高校のときの僕は、なんだかいつでもつらかった。他の多くの人とたがわず僕も、自分の人生の意味を問い続けていて、まったく出口が見当たらなかったからです。中学から高校までのときというのは、おそらくほとんどの人にとってつらい時期なのではないかと思うのですが、「なんで勉強をしなくてはならないんだろう」とか、「僕の人生の目的って何なのだろうか」と、いつもグルグルと問い続けているような状態です。しかもそこに入試というのまで絡んできますから、余計いろいろ考えてしまう。

しかし、そのころにちょうどニーチェに出会ったことで、僕は本当に救われました。『ツァラトゥストラはかく語りき』『善悪の彼岸』、片っ端から読みふけりました。

ただ実際、「舞踏」ということに関しては、ニーチェに出会う前からずっと実践していたと思います。それは僕に限らず、誰でも子どものころはみんな踊っている。深い意味など考えずに、とりあえず無茶苦茶に動きまわり、いつも踊っている。

ニーチェが言いたかったのは、ある意味では「子どもの時代が理想的である」ということだったのではないかと思うのです。自分の好きなこと、自分の世界観の中で自由自在に誰にも束縛されることなく踊り続けること。それが最高の状態であると。

悩みとはその世界観が揺らぎ始めた瞬間に起こります。

「これまで信じてきた自分の世界観、価値観はひょっとして間違っていたのではないか」

そこから出口のない悩みが生じてしまう。

たしかに自分がこれまで正しいと信じてきた価値観を、疑ってみることも大切なことではあります。新しい世界に出会い、自分の価値観を修正しながら更新していく。

そしてまた舞踏を続けていく。

ただ、そのときにも立ち止まって無言で考え続けるのではなく、動いていることが大切なのであり、ならば悩むよりは行動してしまったほうがよほどてっとり早い。

かくいう僕も過去五年間ほど、悩み続けてきたことがあります。

それは言語問題です。

日本語で表現し続けることの意味、英語で考えを発信することの必要性。その狭間にはまり込んでずっと悩み続けてきたのです。けれどももうその悩みも終わりです。悩んでいるくらいなら自分でやってしまったほうが早い、ということに気づいたからです。

だからこの一、二年は、ものすごく努力しています。大量の英文を読んで、また自分で書いて、話して、とにかく英語を完全に自分のものにしようとがんばっているのです。

英語で本を書くということは、日本人にとってはハードルが高いものです。専門書なら使われる語彙もある程度限られているのでまだいいのですが、一般書となると特に難しい。そこでの言語の可能性は無限大だからです。

英語という世界の共通言語と、日本の狭い国でしか用いられていない日本語というローカルな言語については、内田樹さんが『日本辺境論』（新潮社　二〇〇九年刊）で論じていたり、小説家・評論家の水村美苗《みずむらみなえ》さんが『日本語が亡びるとき』（筑摩書房　二〇〇八年刊）などで語っていますが、二人とも日本人にとって、今後もずっと日本語で表現し続けることの意味に疑問を投げかけ、その意味において同じ危機感を抱いています。

僕もずっとそういうことを考えていたし、考え続けていますが、今はもう行動をし始めることにしたのです。日本語でも英語でも、とにかく表現していくことを実践していこう、と、腹をくくりました。

日本語による表現をやめるつもりは一切ありません。日本語の表現は、それ独特の繊細さを持っており、それはそれで非常に高度なものだと思います。だから日本語は日本語として今後も表現に磨きをかけていくべきだと考えます。けれども一方では英語の表現も、ぶつぶつ言わずにとにかく書き始める。

まさに僕自身が提唱する「ベスト・エフォート方式」を実践するのです。結果がどうなろうと考えない。

おそらくはそうしたほうが、本当の意味で僕自身も変われる気がします。

13　ミネルバのフクロウは夕刻に飛び立つ

ドイツの哲学者ヘーゲルの言葉に「ミネルバのフクロウは夕刻に飛び立つ」というものがあります。

ミネルバのフクロウとは要するに知恵や学問の象徴ですが、それが夕刻に飛び立つということは、何を意味しているのでしょう。解釈はさまざまありますが、僕にとってこの言葉は、物事の意味や行為の解釈は日も沈みかけの夕刻になってようやくついてくるものでいいということです。

昼間さんざん踊った人間は、夕刻になってくると疲れてきます。そんな「そろそろ休もうか」という時刻になって、ようやく知恵のフクロウは動き始めるわけで、そのころになってようやく行動の意味がわかってくるのです。

「過去は育てることができる」という言葉もよく聞きますが、最終的に自分の身に起こった出来事が何だったのかを判断して解釈するのは自分でしかありません。

最近お話ししたある会社の二代目の社長さんはこのような話をされていました。

その会社の創業者であるお父様は、彼が子どものころはものすごく厳格で、いつも厳しく彼に接していたそうです。「将来あんな厳格な父親なんかにはなりたくない」、そう彼は思っていたそうですが、そのお父様が亡くなり、後を継いだ今振り返ると、だんだんその偉大さがわかってきた。子どものころには「なぜこんなことを言われるんだ」と恨んだような言葉の意味が、大人となった今になってようやくわかる。

そういうことは、誰の身にも経験があるのではないでしょうか。

「今になってようやく、あのときのあの人の言葉の意味がわかる」

過去というのはすでに過ぎ去ってしまったことであり、それを修正することは絶対に不可能です。過ぎ去ってしまった過去に対して、今何をしようとも、所詮どうしようもない。けれども、そのことの意味については、いくらでも深めることができます。

しかしそのように、あとになって物事や体験の意味がわかるためには、やはりいろいろな経験を積み上げておかなければなりません。子どものときのまま、一切成長せず、何も経験をしていなかったら、あとからだろうと今すぐだろうと、物事の意味を解釈することはできません。

大切なのは、概念ではなく身体性だということです。つまり「頭でグチャグチャ考えている暇があったら、とりあえず動け」というもの。概念だけではなかなか人間の脳のオペレーティング・システムは書き換えられないものです。やはり体を使って現場で動くことによってのみ、最終的に何かが自分の身についてきます。

受験勉強の意味がわからない学生、人生の意味がわからない若者、働くことの意味がわからない会社員。とにかくあらゆる状況で現状に悩みを抱いてしまっている人は、意味など今は考えずに、そのときやれることを「ベスト・エフォート方式」で精いっぱいやる。そうすれば、二年後か五年後か、あるいは十年後かはわかりませんが、いずれその意味がわかる時期がやってきます。

14　間違った方向へ進んでしまったら

意味を問わずにがむしゃらに進む。今を踊る。そうはいっても、もし間違った方向に進んでしまったことがあとからわかったら、どうすればいいのでしょうか。心配性な、この問いに対する答えはこうです。

「たとえ間違った方向へ走ったとしても、それに気づいたときに軌道修正すればいい」

そもそも「間違った方向へ走ってしまったら」という考え方自体が、すでに佇んでいる人の発言です。人生を踊れていない。全力で疾走する覚悟が決まっていない。自分の人生に対してまだ、おっかなびっくりな状態に佇んでいる。

舞踏家はそういうことは考えていません。「これが正しい方向」などという確証がなければ一歩も動けないようでは、新しい踊りは生まれてこないからです。

“Stay hungry, stay foolish.”

アップルの創業者スティーブ・ジョブズが、スタンフォード大学の卒業式で発言した有名な言葉です。

マッキントッシュをつくる前の彼は、せっかく入った大学もドロップアウトしてしまったり、その後アップルコンピュータを立ち上げて成功してからも、自らつくった会社から追われてしまったりと、さまざまな困難を経験しました。けれどもそのいずれもが、あとから振り返れば「あのときはあれで良かった」と思えると、彼は語っています。アップルコンピュータを去り、新しくピクサーをつくったときでも、ピクサーの成功以上に、彼にとって一番大事だったのは、のちに家族となる人に出会えたことだと言っている。

苦境に陥ったとき、立ち止まって考え込んでしまうのは危険なことです。考えるべきことは考えるべきですが、何を考えるべきかが問題です。自分の起こしてしまった行動について考え込んでしまうことは、前に進むことではなく、後戻りすることを意味するからです。

15　堂々巡りをせずに打って出る

グルグルと答えのない悩みにはまりやすい人。そういう人への助言は二つあります。

ひとつは、堂々巡りをしないためには、常に異なるものを自分の中に取り入れていくというものです。新しい考え、環境、人との出会い。そういうものが、出口のない悩みにまったく新しい光を投じてくれます。

もうひとつは、強烈な敵を持つこと。たとえばニーチェの場合、彼の敵はキリスト教的世界観でした。最近だとリチャード・ドーキンスもニーチェと同じように踊りながら戦っている人といえるでしょう。宗教的な妄信が、彼にとっても強烈な敵であり、彼はそれに果敢にアタックしているわけです。

意外なことですが、明確な敵がいると踊りやすいものです。

ちなみに僕の場合は、日本の既存の社会通念でしょうか。

以前、東京大学に行って講演したときのことです。あらかたこの本でも述べているようなことを学生たちに向かって僕は熱く語っていました。熱くなるなといっても無理なことで、何しろ聴衆は今現在大学生であり、二十歳そこそこです。十分時間もあるし、日本社会でも世界に出ていっても、いろいろ挑戦して革命を起こせる若者たちです。

その彼らに対して、「君たちはもっと踊りなさい！」とハッパをかけていたところ、ある女子学生が手を挙げてこのように言いました。

「そんなに言うんだったら、先生がやればいいじゃないですか、勝手に」と。

「何かに怒っていることは伝わってきましたが、でも、そんなに言うんだったら先生が勝手にやればいいじゃないですか。実際に日本の社会が変わっていないということは、先生の努力が足りないということではないですか」

まず、この完全に他人任せの発言に僕は驚きました。

僕はこのとき、ハーバード大学の入試のやり方の話もしていました。ハーバードでは世界中から意欲のある学生を集めるために、各国に散らばっているハーバード卒のOBたちが入学希望者たちを面接していく方法をとっています。だからこそ、ハーバード大学には世界中からユニークでかつ能力のある学生たちが集まっており、僕はそ

れは素晴らしい方法だと思うのですが、その話をした途端、

「東大はこれまでのような厳密な入試をやってきたからこそ、このクオリティが保たれており、ブランドとしての価値も保たれているんじゃないですか」

と言った学生がいたのです。

もうこの瞬間、「これはもうだめだな」と感じました。東京大学は、曲がりなりにも日本で一番とされている大学です。たしかに伝統もあるし能力のある学生たちも集まってきていることでしょう。しかし、キャンパス内にほとんど日本人しかいないということが問題なのです。講義をするほうも日本人なら、学生もほとんど日本人。そんな狭い中でいくら「ブランドとしての価値」を言ったところで、世界に出たらそんなものは通用しないのです。


こんなことは、本来、僕だって言いたくないのです。ある意味これは完全なる自己否定の作業ですから。東京大学で学んだ僕にとって、今の学生に向かって言っていることは、かつての自分に対して言っているのと同じです。今の東京大学のあり方を否定することは、翻っては自分のこれまでを否定することです。

僕だって、それまで僕の親戚内で東大に行った人はいませんでしたから、入学が決まったときにはみんなが喜んでくれて、僕もそれを見て本当に嬉しかったものです。

しかし、そんな僕を、今の僕は否定しようとしている。覚悟の上の言明だったのですが、まったく今の学生たちには通用しないというむなしさ。僕はがっくりしてしまいました。

もちろん僕の言葉に賛同してくれた学生もいます。中には、その場では発言しなかったものの、その後ツイッターやメールで直接自分の意見や賛同のコメントをくれた学生もいました。

「あのあと、次の授業をさぼって友だちとずっとそのことについて話し合いました。僕らの心には火がつきました」と。

それは嬉しかったです。全員が全員わかってくれなくてもいい。今後徐々に世界に対して目を開いていってくれれば、今は僕の負けでもいい。おそらくは、これまで誰もこのようなことを言う人がいなかったのだと思います。だから学生たちはみんな、「この人はいったい何を言っているんだろう」「何をいったい怒っているんだろう」とあっけにとられていたのでしょう。

妙なたとえですが、そのときの僕は三島由紀夫を思い出していました。自衛隊に突入して嘲笑されたという三島の最期の体験を。もちろん彼の行為が正しかったのかどうかという問題は別ですが、僕自身、決死の覚悟で放った言葉や行動が、まったく理解されないどころか冷たく嘲笑されて終わったという体験を持った。

人間、いつかは死にます。いずれ死んでしまうのであれば、人生踊り続けてなんぼ。最近の僕はこのように考えるようになりました。

ニーチェの一種独特な明るさというのは、ある種の絶望を通り越した人間が持つ明るさだと思います。一生懸命生きる上での意味を求め続けて、でも「実はそんなものはないんだ」と気づいた人の明るさが、彼の思想を貫いている。

自分が信じることのために全力で走りきることの醍醐味は、その結果にあるのではなく、その行為の過程にこそあります。

たとえば科学者がノーベル賞をもらうとします。みんなその賞自体を喜びの対象と見ていますが、実はもらった本人などはそれほど喜んでいなかったりします。益川敏英先生も「喜びなんかはしないよ」とおっしゃっていましたが、やはり彼らにとっての真の喜びは、評価されることではなく、そこに至るまでの踊っている過程にあるのです。

そこにどれだけ全力をかけて自分の生命を燃やし尽くせたか。それが本来、人にとっての生命哲学なのです。

16 ワクワク、ハラハラするくらいがちょうどいい

人生を楽しく生きるコツは、堂々巡りをしない、反省をしない、悩まない、とにかく動き続けて挑戦することだと述べました。

このように言うと、常に動き続けていることは、とてもパワーを要することのようで大変なのではないかと考える人がいるようです。

しかし、人間の脳はいつもゆったりと安定している状態よりは、多少ハラハラしている状態のほうが、実は楽しんでいて良い状態にあるのです。

「今、自分はピンチにさらされている！」

そう感じるときというのは、交感神経の働きが活発になっています。いわゆるアドレナリンが分泌され、脈拍数や血圧も上がっている状態です。要は戦闘態勢に入るわけですが、それはハラハラすると同時にワクワクしている状態であるともいえるのです。

たとえば子どものとき、台風前夜というのはワクワクしませんでしたか。

もちろん大人になった今となっては、台風が来るなどといってワクワクすることは

不謹慎であり、いろいろ被害も発生したりする大変なことなんだということはわかっていますが、子どものときというのは大人たちが「大変だ、大変だ」と騒いでいても、ひとりワクワク何が起こるのかを待っている状態です。

しかし実は、緊急事態というのは多少ワクワクしているくらいでないと適応できないものなのです。何かピンチに陥ったとき、「すべてが怖い」と委縮してしまうと、その人は何の選択も身動きもとれなくなってしまいます。

おそらく戦国時代などでは、戦に出る前の武将はそのような状態にあったのではないでしょうか。ワクワクするくらいの武将でないと、勝ち残ることはできないはずです。「根拠のない自信を持て」というのも、これと同じです。常に根拠のある自信しか持ってはならないのだとしたら、このワクワク感は味わえません。あまり根拠はないけれど、とりあえず目の前の戦に飛び込んでいこうという感覚があるからこそ、人はいろんなことにチャレンジすることができるのです。

17　結果が出なくても気にしない

ピンチをチャンスに変えるコツは、たとえ結果が出なくても気にしない、ということです。

子どものころの僕は、ときどき自家中毒を起こしていました。今の僕からは想像できないくらい繊細な子どもだったようなのですが、いつどこでこうも変わってしまったのか。

いつのころからかはわかりませんが、僕は、あるときコツをつかんだのだろうと思います。それは、いろいろなことを気にしない、というコツです。

何かを努力する以上、結果が伴ってほしいのは当然ですが、あまりにもそれに執着しすぎると、その結果に自分の心を依存させてしまうことになります。先ほども述べましたが、踊るということはその行為自体が喜びであり、目的なのですから、本当はその結果がどうなろうと関係ないのです。すでにその踊る喜びを感じている時点で、自分で自分にご褒美を与えているのですから。

ピンチという意味では、対人関係もピンチになりうる可能性があります。

僕自身、中学校時代は常に対人関係が危機的状況にありました。友だちがいない、という意味ではなく、単純に中学生男子として「女の子にモテたい！」という意味でのピンチです。

これは嫌味ではなく、僕は中学時代から勉強ができました。それはそれであるときコツをつかんだからで、ものすごい勉強三昧をしなくても、学校の試験ならばある程度良い点を取れたからなのですが、しかしそうなると、いわゆる「ガリ勉」タイプと見なされてしまうリスクが非常に高かったのです。実際には「ガリ勉」ではないのですが、こういうのはイメージの問題です。

しかも当時、女の子にモテるのは常にちょっと不良っぽい男の子と相場は決まっていました。だからいかにクラスの中で自分を「ガリ勉」ではないポジションに持っていくかが、当時の僕にとっての最重要課題だったのです。常に吉本のお笑い芸人みたいに冗談を言い、道化役を買って出る。

ところが、このスタンスは、男にはモテるが女の子には一向にモテないものでした。関西の学校ならば違ったのかもしれませんが、残念ながら僕は、関東の、埼玉の、田舎の学校の男子でした。ここではモテる男は、ちょっと不良系か、あるいはちょっとシリアスで爽やかな男のみ。僕みたいにちょっと勉強はできるけど、いつもふざけて変なことばかり言っている男というのは全然モテなくて、結果としてまったく何の成果も生み出せませんでした。男友だちは大勢できましたが。

このときの体験から導きだされる教訓はさまざまでしょうが、少なくともあのときはあれで良かったと思うようにしています。幼いころの神経質さがまったくなくなり、たくさんの友だちができた。モテるという当初の目的は達せませんでしたが、当時の僕にとってのピンチは十分にチャンスに変えることができたのですから。

18 脳に強制はできない

仕事でも勉強でも、「自分が好きでやっている」と思い込むことは重要です。実際にはそうでなくてもいいのですが、大切なのはそう思うことです。

逆にいえば、自分が好きでやっていることでも、「ああ、面倒くさいなあ」と思いながらやっているのでは、結果はあまり期待できません。

なぜなら、どのような場合でも、脳に強制することはできないからです。ここが脳とコンピュータの違うところです。コンピュータは強制的にプログラムすることができますが、脳を活動させるためには自発的な活動が根本になければならないのです。

このテーマについてはかつて学生と共同研究をしたことがあります。脳は「嫌々やらされている」ときと「自分から望んでやっている」ときとでは、仮に同じ作業をしていてもまったく違う働きをします。自発的に何か行動するときの脳の爆発力というのは本当にすごくて、その人の持つ潜在能力がうまく活用されるのです。

そのことをまざまざと知っているからこそ、僕はあらゆる仕事を「嫌々やる」のではなく、「自ら楽しんでやる」状態を常としています。仮にこなせないくらいの量の仕事がたまってしまっていても、「楽しい」と思い込んで仕事に向かうのです。四六時中何か仕事をしているのを見た編集者などが「茂木さん、そんなに働いて疲れませんか」と聞きます。しかし僕はどんなに仕事が入っていても「忙しい」「疲れた」とは言いませんし、事実、疲れてはいないのです。

多くの人が「疲れた」と言うのは、「こんなに働いているから疲れるはずだ」と思い込んでいるからではないでしょうか。体力的な疲れはあるのかもしれませんが、そもそも脳は、疲れないということを覚えておいてください。

たとえば、心臓は僕たちが生まれてから死ぬまで、一瞬たりとも休むことなくずっと働き続けています。けれども僕たちは心臓がちゃんと動いているかどうか確認することはないし、「こんなに鼓動を打ち続けて働きすぎだ。最近疲れているはずだ」と感じることもありません。

同じように脳の神経細胞は、生きている限りずっと活動しているのです。何の命令がなくとも勝手に。これを神経細胞の自発的発火といいます。この事実はまず、ぜひ皆さんに、大前提として覚えておいていただきたいと思います。

脳が心臓と同じように、毎日毎日働き続けても疲れることがないということは、いくら脳を使って考えても、その行為自体において僕たちは疲れることはないということです。

それよりもむしろ、脳にとってストレスとなることは、「我慢すること」です。多くの人は思い切り活動すると疲れると思っているようですが、実はそうではなく、その活動を我慢することのほうが脳にとってはストレスであり、疲れにつながるのです。

19 自分で自分を騙す「プラシーボ効果」

「プラシーボ効果」というものがあります。本当は薬でも何でもないものを「これはあなたの病気によく効く画期的な薬です」と言って与えると、患者はそれを本当だと信じ、結果としてしばしば病気が良くなってくる。「病は気から」を地でいくような話ですが、これは脳においてこそ有効であるということがわかっています。

たとえば小麦粉を「薬です」と言って飲ませると本当に効く。それには患者が本当にその粉を薬だと思い込まなければなりません。「本当に？」と疑いながら飲んだのでは、その薬（小麦粉）は何の効果も生み出さないのです。

脳において、強制的にやらされていると思っていることは何の効果も生み出さず、自発的にやっていることは「プラシーボ効果」を起こしやすい。

僕が言いたいのは、人生にもこの「プラシーボ効果」は必要であるということです。

「本当に自分はこの道を進んでいいのだろうか」「もっと他にやるべきことがあるんじゃないだろうか」

そうやって自分の行動を疑い続けているよりも、

「これが今できる最高の選択」「自分の信じる道を行くのみ」

と、根拠なき自信でもいいから明るく信じ込むことが大切です。

井上陽水さんの歌にこういう歌詞があります。

「探しものは何ですか」「それより僕と踊りませんか」（「夢の中へ」井上陽水作詞・作曲
一九七三年シングルリリース）

あの歌はそういうことなんだと思います。井上陽水さんがニーチェを読んでいたかどうかまでは知りませんが、少なくとも僕は勝手に、これはニーチェの歌なんだと解釈してしまっています。

20 脳が踊るのを邪魔しない。「脱抑制」の原理

頭ではわかっているけれども、なかなか体では実践できないという人もいるでしょう。

しかし「ベスト・エフォート方式」の大事なところは、居直って切り替えるという点です。必ずしもそれまで自分がうまくやれていなくても、ある時点でパッと切り替えて「これからは踊ればいいんだ」と思い込む。その時点で、それまで調子の悪かった状態は、一度すべて帳消しにしてしまう感覚が大切なのです。

人間ですから「いつもハイテンションでいろ」といってもなかなか調子の出ないときもあります。しかしそのようなときに、「今、自分は不調のときだから」と思い込んで何日も何週間もその調子を引きずるのではなく、思い立ったときにパッとスイッチを切り替えて、「今この瞬間から不調は脱した。これからは最高のときが続く」と思い込んで踊り始めることが重要です。その瞬間に、それまで自分が不調に至った経緯はすべて忘れてしまう。

このスイッチの切り替えは、脳の前頭葉の眼窩前頭皮質《がんかぜんとうひしつ》の働きによります。それま

での人の人生の文脈の切り替えをするところ。しかしそれも場数を踏むことによって鍛えられるものですから、とにかくは騙《だま》されたと思ってパッと考えを切り替えて別のステージに飛び乗ることをしてみてください。

おそらく調子の悪い人というのは、このように考えているのではないでしょうか。「今、こんなにも不調なのだから、きっと自分のエネルギーレベルはものすごく落ちている。それなのに今よりもエネルギーレベルを上げろなんて無理だ。そんなことをしたらきっとものすごく疲れてしまう」と。

こういう人は、マラソンでも何でも一生懸命走っている状態というのは、エネルギーレベルが高い状態であり、きっとものすごい努力をしないとその状態にまではいけないと思ってしまっているのでしょう。

けれども脳に関しては事実は正反対です。本当は、脳は「走っている状態」、いわばハイテンションになっている状態のほうが、ずっと楽なのです。そのコツさえ、脳のためにつかんでやれば、あとは勝手に脳がやってくれます。僕たちがすべきこと、それはハイテンションで走る脳の邪魔をしないことだけです。

キーワードは「脱抑制」なのです。不調なときというのは、脳に抑制をかけてしまっている状態です。本当は人間の脳はいろいろなことをやれる可能性にあふれているのに、そしてやりたがってもいるのに、勝手に自分で自分の脳に抑制をかけて、自分の脳に向かってダメだしをしている状態。それが不調のときです。我慢が一番のストレスの脳にとっては、これは一番つらい状態です。

21 子ども時代に戻れ

考えてもみてください。子どもは誰もそんなことをしません。自分で自分の可能性の限界を決めて、「これは僕には無理」などとダメだしはしない。四歳児くらいの子どもが「自分ってダメだな」などとは絶対に言いません。無邪気に、自分には何でもできると思っている。「できるかできないか」などためらうことなく、とにかく動いてチャレンジして、そしていつも踊っています。

しかしいつのころからか、自分はダメだと思うようになってしまう。それは自発的にそう思うというよりは、社会のほうから「お前には無理だ」「お前にはレベルが高すぎる」という押し付け的な入れ知恵が来ることによって誤った情報を信じ込んでしまう結果なのです。

ですから、ピンチに立ち向かうもっとも簡単な方法としては、子どものころの感覚に戻ればいいのです。あのころの天真爛漫《てんしんらんまん》な自分に。

そうはいっても「大人としての責務」というものを、重々しく説く人もいるでしょう。たしかにあるコミュニティや国家に属するものとして、最低限しなくてはならないことはあるかもしれません。しかし、最低限のところさえ押さえていれば、その他の「社会の常識」などというものに従う必要はないと思います。少なくとも「これをすると周りから何か言われるんじゃないか」と思うあまり、自分のやりたいことも我慢する必要などどこにもありません。

歴史的な事実として、そういうことと関係なく天衣無縫に生きてきた人が、これまでも創造的な仕事を成し遂げてきたのですから。

社会の構成メンバーが皆同じことをしなければならないという「社会常識」は、いわば社会の安定化装置です。同質化して、誰も飛び出さないようにしておけば、その社会はルールで守られて皆が安心して暮らすことができるという安定化装置。

社会を一定の基準で安定化させることは大切ですが、人間が生きる上で個人の最重要課題が社会の安定化である必要はありません。実際、誰もが社会の安定を大前提にして、そこから外れないように外れないようにということだけを心がけて生きていたら、残念ながらその社会は遠からず沈没します。そこには何も新しい産業や文化は生まれてこない。

しかし、今インターネットが全盛の時代になって、ようやくその安定化よりも、新しいことをするのが結果的には社会のためになる、という時代になってきた気がしています。

たとえばYouTubeなども、一昔前では大問題だったはずです。著作権という問題を考えたら、それまで日本の大企業はどこもあのようなことはできなかった。ニコニコ動画もそうです。あれは「2ちゃんねる」をつくった人がかかわっていたものですから、どちらかというとサブカル的な、いわゆるカウンターカルチャーの中から出てきたものです。しかし、今やそのニコニコ動画が新しいものの中核になってきている。

そこでもやはり「著作権を守れ」という声は聞こえてきます。たしかにそういうことは社会を安定化させるためには大切ですが、新しい社会の創造という視点で見れば抑制の方向にしか役割を果たさない。結局それは、江戸時代末期に坂本龍馬らを苦しめた、身分制度や藩体制とあまり変わらない作用を及ぼしているといえる部分がありはしないでしょうか。

「郷士の子どもは郷士」「それぞれの身分の分を守って生きろ」。新しいことをなそうにも、それらの社会の「安定化装置」がことごとく彼らの邪魔をしていったことを思

Part 3-21

子ども時代に戻れ

【Check】

ピンチをチャンスに変えるコツ―まとめ

※あなたのピンチ対応力、チェックしてみよう

1	走り続ける感覚を持つ	□
2	ベスト・エフォート方式でいく	□
3	振り返らない（反省しない）	□
4	自分がやっていることの意味を問わない	□
5	あまり周囲に自分を合わせない	□
6	ネットの偶有性を利用して自分の選択肢を自在に広げる	□
7	ツイッターなどを利用して高速で意思のパスまわしをする	□
8	悩んでいるくらいなら動く	□
9	常に異なるものを自分の中に取り入れる	□
10	強烈な敵を持つ	□
11	脳をワクワク、ハラハラの良い状態に保つ	□
12	結果が出なくても気にしない	□
13	楽しんでやることで、脳を脱抑制する	□
14	場面スイッチの切り替えに慣れる	□
15	子どもに戻って踊る	□

い返してみましょう。士農工商制度の枠があまりにもキッチリしていたため、誰もその枠をはみ出た生き方はできなかった。龍馬が決行した脱藩だって、今から見ればかっこいいことのように思われていますが、当時の社会常識から見れば、完全な犯罪です。彼は犯罪者だったのです。にもかかわらず、結果として彼の存在が日本を大きく前進させた。

「社会安定化装置」がまったく不要だとは言いません。しかし、それが強くなりすぎると、やはり面白いことがなかなか起こらなくなってしまうと僕は思っています。

おわりに

◎自らを忘我の境地に没入させる

今、日本人が元気のない理由とは、不安や恐れといった負の感情に支配されてしまっているところがあるからではないでしょうか。

社会が敷いたレールからいったん外れてしまったら、二度とまともな生活には戻れないのではないか、不幸な目にあうのではないか、あるいは、一生浮かばれないのではないか。そういった不安や恐怖が、日本人の心を必要以上にしばってしまっているのではないかと思います。

その負の感情をどう乗り越えていくか。

一番いい方法は、マイナスを消して、プラスに転じることです。

そのひとつが「忘我の境地」に入ることだと思います。忘我とは、自分が存在しているということを忘れられるほど、没入感のある状態のこと。何かに夢中になって我を忘れる、美しいものを見て心を奪われ、うっとりするような状態です。

一九二八年のアムステルダムオリンピックで金メダルを獲得した、三段跳びの織田幹雄さんは、スポーツをする際に目標としているのは、金メダルや世界新記録を出すことではなく、「競技をするときに身体が躍動する、その喜びを味わうこと」だと言っています。

つまり、一度競技に入っていくと、メダルや記録などはどうでもよくなって、ただ筋肉を躍動させること自体に没入していく。その状態こそが最高の喜びだと言っているのです。この言葉は忘我の境地をもっとも端的に表しているのではないかと思います。

自分が自分であることを忘れてしまうほど、没入することができる何かを見つけることができれば、不安や恐怖といった負の感情も徐々になくなっていくのではないでしょうか。

◎他人のために行動できる人はいざというときに強い

それから、「忘我」に似た言葉で「無我」という言葉があります。

「無我」とは、もともとは仏教用語ですが、私欲や利己心のないこと、無心であることを意味するようになりました。もっと簡単にいうと、自分ひとりだけのために利益や満足を得ようとしないことです。僕は、この「無我」という言葉も、マイナスをプラスに転じるキーワードではないかと思っています。

次に何が起こるかわからない偶有性の塊のような今の社会では、自分のためだけに何かをする人よりも、他人のために利他的な行動（自己の損失を顧みずに他者の利益を図る行動）をとる人のほうが、適応的です。

特にインターネット上では、いろいろな人に情報を伝えたり、人の役に立つようなことができるようになってきていますから、たとえば、ブログに書く内容やツイッターのつぶやきも、自分というものにとらわれて、私はこう思う、こうしたい、といったことばかりを書くよりも、どのような内容を書いたら人の役に立つか、人の心を動かすことができるのか、というように発想を変えたほうが、結果としてその人の評価も高まります。そして、利他的な行動をとることで、人から感謝されたり、喜ばれたりし、その人自身も幸せな気分になっていく。

無我、そして利他の境地を、今述べたインターネット上など、何らかの体験を通じて手に入れた人は、自分をしばる負の感情にとらわれることなく、今、行動できるようになるでしょう。

◎いつか終わりがくることを常に意識する

人間にとって最大の負、恐怖とは何でしょう。

それは「死」ではないでしょうか。現代人は、死を嫌い、なるべく考えないようにして避けようとする傾向にありますが、もう少し死について考えてみてもいいのではないか、と僕は思っています。

ラテン語の警句に「メメント・モリ（死を思え）」という言葉があります。「自分がいつか必ず死ぬことを忘れるな」という意味でヨーロッパのルネサンス、バロック期の芸術作品のモチーフとして広く用いられました。あえてその言葉が使われることからわかるように、人は自分がいつか死んでしまう存在であることを忘れてしまいがちです。どこか人生が無限に続くだろうという意識を持って生きてしまっている。

しかしたとえば「過去」というのは、「死」と同じ領域に属しています。昨日の自分はもう二度と戻ってこない。人間は毎日毎日死んでいるようなものです。過去は育てられると僕はよく言いますが、それは現在の自分にとっての過去が育つのであって、過去そのものは動かしようもないものとして存在し、次第に増えていくのです。それが、過去が死と同じ領域にあるという意味です。したがって、生きているということは、次から次へと今この瞬間が、死者の領域に移っていくことなのです。

このように考えると、死の恐怖とは、個体としての死だけを意味するのではなく、もう二度と同じことは繰り返されないという、失われていく過去の死という恐怖をも意味しているのでしょう。ニーチェの『ツァラトゥストラはかく語りき』の中にある「舞踏」という概念も、ただ踊ればいいというお気楽なものではなく、神がいない世界で生きることの意味を考えたとき、当然その背景には死の恐怖と不安があったのだろうと推測できます。

「これは何のためにやるんだろう」とか、「これをやることにどんな価値があるんだろう」といったように、人生に意味を求めようとすることは、死に近いことです。踊るということは、次から次へと死にゆく時間を何とか押しとどめておこうとする抵抗なのです。人生の意味がわかってしまったら、踊り続ける必要がなくなり、そこで踊りは止まってしまう。「舞踏」には、死に抵抗するという意味合いもあるのです。

◎覚悟を決めて踊り続ける

文芸評論家の小林秀雄は、著書の『無常という事』の中で、生きている人間のことを評して次のように述べています。

「生きている人間などというものは、どうも仕方のない代物《しろもの》だな。何を考えているのやら、何を言い出すのやら、仕出来《しでか》すのやら、自分の事にせよ他人事にせよ、解《わか》った例《ため》しがあったのか。鑑賞にも観察にも堪えない。」（『モオツァルト・無常という事』新潮文庫　一九六一年刊）

本当に生きているといえる人間は、ニーチェのいう踊りを続け、人生の意味を考えたりはしないものです。だから小林秀雄は、そういう人間を評して、何を考えているのか、何を言い出すのか、しでかすのか、わからないと言った。一方で、死んでしまった人間に対しては、次のように評しています。

「其処《そこ》に行くと死んでしまった人間というものは大したものだ。何故《なぜ》、ああはっきりとしっかりとして来るんだろう。まさに人間の形をしているよ。」（同書）

死んでしまった人間のほうが人間らしく、大したものだと言っているのは、生きる意味を悟っているからなのです。このことは逆に言えば、死んでしまった人間は、生きている意味がわかってしまったぶん、踊りが止まってしまっているということです。

「してみると、生きている人間とは、人間になりつつある一種の動物かな」（同書）

生きている人間を、何をしでかすかわからない動物にたとえて、人間になりつつある動物だと小林秀雄は言います。つまり、生きている意味とは何かということが、人間をどんどん追いかけてきて、固めようとするのだけれど、それに抵抗して踊り続けるのが、人間の本来の生き方ではないかということを、ニーチェも小林秀雄も言っているのだと思います。

人は、生きている意味が定まると安心するものです。たとえば組織に属したり、肩書きを与えられるということは、ある意味では生きている意味を与えてくれるものです。しかし、安心してしまったぶん、生きるという本来の意味からは外れてしまうことになるのです。別の言い方をすると、組織とか肩書きといったものを大事にして生きてきた人は、そのぶんだけ生きることをどこかに質入れしているということです。

日本人は、日本という社会の文脈に適応することで生きてきました。早い人では、小学校に入る前からお受験だ何だと塾に通い、有名大学という限られたクラブに入るために競争します。そして、大学に入ったあとは、一流企業に就職するために、大学三年の秋から就職活動を始める。

そんなことに合わせる必要はないはずなのに、子どものころから、周りに合わせてやらされるうちに、いつの間にか、もともとはその人の本性とは無関係だった価値観が植えつけられ、日本という国に何の疑問も抱かずに合わせてしまう。

日本人はあまりにも長い間、日本という国のシステムの人質にとられてしまっています。その過剰適応が、かえって日本人の可能性を伸ばすことを妨げ、日本社会全体が元気をなくし、現在の経済不況を起こしているのだと思います。

私たち日本人には、こんな不条理な社会に合わせて生きていく必要が、あったのでしょうか。

今の私たちに必要なのは、人間本来の生き方を取り戻すために、組織や肩書きといったものにとらわれず、ニーチェの言うように踊り続けることではないでしょうか。

踊るとは、覚悟を決めてしまえば、案外簡単なことです。子どものころは、みんな自然に踊っていたのですから、きっとできるはずです。

踊ることこそが、不安や恐怖といった日本中に蔓延している負のエネルギーを、プラスに、そしてピンチをチャンスに変えることになるのです。

文庫版おわりに

本書の文庫化のお話をいただいたとき、ピンチと聞いて、今の日本人が真っ先に思い浮かべることは、東日本大震災ではないかと思いました。本書が単行本として出版されたのは、二〇一〇年九月のことだったので、執筆当時は東日本大震災は発生していませんでした。そこで、文庫化にあたり、本書を震災後の日本人に向けたものにする必要があると感じ、いくつかの部分に加筆、訂正を加えました。

◎「他人」という意識の壁を越えて

東日本大震災という過酷な経験は、私たち日本人にとって、ピンチということに対して、どのような意識の変化をもたらしたのでしょうか。あるいは、何も変わらなかったのでしょうか。震災から二年たった今、のど元過ぎれば熱さを忘れる、というようなことも多少はあったことでしょう。それでも、私たちは変わったと思います。

僕が一番変わったな、と感じたのは、他人という概念の範囲が変化したことです。震災をきっかけとして、東北に親戚や友だちがいない人でも、率先してボランティアに行っていたことは、記憶に新しいと思います。被災した人たちの力になりたいという思いが、他人という意識の壁を越えて、日本人同士助け合おうという意識に変わったのでしょう。

このことは、人々の関心がパワーからインフルエンスのほうに移ってきている証拠ではないかと思っています。パワーとは何かといえば、社会的地位や法律などのルールを通して、他人に対して「力」を行使していくことです。

たとえば、テレビはパワーだということができます。テレビは電波を通して、人々にさまざまな情報を届けているわけですが、その情報は限られたものですし、チャンネル数も限られている。また電波の数も限られています。テレビに出演する人々も限られたごく一部の人たちです。私たちは、限られたものの中から情報を選ばざるを得ないという、見えない力の行使を受けているわけです。

インフルエンスとは、誰かに何かを強制するものではないけれど、多くの人々に「影響」を与えることができるもののことをいいます。会社の社長は、社員や社会に対してパワーを持っています。一方で、漫画は今や世界に認知された日本の文化で、影響力はものすごくあるけれど、それを描いている漫画家には社会的地位も権力もありません。

インターネットもパワーはないけれど、インフルエンスはあります。YouTube で動画を見ることは、誰にも強制されたわけではないのに、面白いからみんな見ます。そして、それはウイルスのように人々の間に広がっていき、影響を与えます。ネットでは誰が何を発信してもいい。制限はありません。いい情報は、自然に広まっていくし、面白くないものは、淘汰されていきます。とても民主的です。

先ほどの被災地でボランティアの輪が広がっているという話は、パワーを通して行われた行為ではなく、インフルエンスによるものでした。被災地で困っている人がいるという情報が、人々の心を動かし多くの人に広まっていった結果です。他人のために行動するという行為は、インフルエンスなのです。

◎パワーとインフルエンス、どちらに重きを置くのか

ネットワーク社会とは、まさにインフルエンスにこそ価値がある社会といえます。

たとえば、ツイッターで誰かがつぶやいて、それが面白かったり、人々の関心を引けば、その人のツイッターをフォローするフォロワーが増えて、情報が自然に広まっていきます。フェイスブック（実名で、現実の知り合いとインターネット上でつながり、交流をするサービス）でも、そこに書いたことを見た人が共感したら、「いいね！」ボタンを押してくれて、その情報がシェアされて広がっていきます。

最近、『ローマ法王の休日』という映画を見ました。日本では二〇一二年に公開されたイタリア映画です。ストーリーを簡単に説明しましょう。現ローマ法王が亡くなり、新しい法王を選出するために各国から枢機卿《すうききょう》たちが招集されて、投票が行われます。投票の結果、新ローマ法王に選ばれてしまった枢機卿は、その重圧から逃れようと、逃げ出してしまいます。

映画の冒頭で法王を選出する投票のシーンでは、枢機卿たちが心の中で「神様、一生のお願いです。どうか私が選ばれませんように」と祈っています。彼らは、重責を担うローマ法王には選ばれたくないと一様に思っているのです。こういう映画がつくられる時代の雰囲気は、どこの国でも共通するものなのだな、と思いました。

この映画で語られていたのは、多くの人々がパワーよりもインフルエンスを選ぶ時代になってきたということではないでしょうか。パワーを持つことは、人々に対して権力を示せると同時に責任を伴います。一昔前までは、権力を持つことが嬉しい時代でした。意思決定を行うことができるという権限は、限られた人にしか与えられないものなのだからです。

インターネットの時代になり、誰もが社会に対して発言する権利が与えられると、大きな権力を持つ意味は、だんだん薄れてきてしまったともいえます。もちろん、意思決定を行う権限はパワーを持つ人に限られているので、これからも一定の人々はパワーを求め続けると思いますが。

大学を例にとって考えるとわかりやすいでしょう。多くの人が有名大学に入るために、必死になって受験勉強をします。なぜかといえば、有名大学に入らないと高名な先生の教えを受けることができないと思うから。あるいは、有名大学の学生という肩書きを持って就職活動を行うほうが有利だと考えるからです。つまり、有名大学に入りたいと思うのは、パワーを求めているからです。

でも、よく考えてみてください。今は、何かを学びたければ、ネットでもできてしまいます。ネットを使えば、どのような論文だって読むことができる。最新の価値ある情報を得ることだってできます。たとえば、本文Part 2でも紹介したTED（広める価値のあるアイデアを紹介する活動を行っているグループ）で行われるプレゼンテーションの映像は、ネットを通じて誰でも見ることができるのです。

さらに面白いことには、TEDで発表されたことは、パワーを持った人たちにも影響を与えるという点です。TEDで教育問題についてプレゼンテーションを行った教育学者のケン・ロビンソン氏の発言は、教育関係者の間で大きな反響を呼びました。教育に関しては、彼の意見は無視することができない、となったわけです。ケン・ロビンソン氏の教育論は、日本の文部科学省が何かの意思決定をするときにも、何らかの影響を与えるでしょう。要するに、パワーを持っている人が意思決定をするときにも、世の中の論調はどうなっているのか、ということを無視できない状況になってきているのです。

だとすれば、本気で教育を改革したいと思うならば、文部科学大臣になるよりも、教育に関して影響力のある情報を発信したほうがいいのではないか、と考える人が出てきても何ら不思議なことではありません。文科大臣は、権限はあっても影響力がない。ケン・ロビンソン氏は、権限はないが、影響力はある。

パワーとインフルエンス、どちらに重きを置いて生きていきたいか。それは個人の生き方の問題なので、何とも言えませんが、文明を動かしていくのはインフルエンスを持った人だということは間違いありません。

ジョン・レノンは、一九七一年に「Imagine」という曲を発表しました。一九七一年といえば、ベトナム戦争が泥沼化し、世界中が重苦しい雰囲気に包まれていた時代です。「Imagine」には、そのような世相に対して、反戦と平和を訴えるメッセージが込められています。そして未だに、圧倒的な影響力を与え続けています。「Imagine」という曲に込められたメッセージは、これからも多くの人の心を揺さぶり続け、おそらく一〇〇年後の世界でも聴かれていることでしょう。

一方で当時、ベトナム戦争の遂行に関わっていた将軍や政治家たちの名前は、一般には忘れ去られてしまいました。パワーはやがて忘れられてしまうものですが、インフルエンスはずっと残るものだと思います。

◎真水を求めて生きて行く

今はまだパワーとインフルエンスがせめぎあっている状態だといえます。有名大学を出て、一流企業に就職することが人生の勝者だ、という価値観が古い時代の残像として残っています。それは大学というパワーに固執しているからです。

それでも、世の中はだんだんと変化してきていて、確実にインフルエンスのほうへていきます。どこの大学を出たのか、ということが重要じゃない時代になってきています。Part 3で紹介したMITのメディアラボの所長のジョイ・イトウさんも、アップルを設立したスティーブ・ジョブズも、二人とも大学を卒業していません。大学を出ているかどうかは、二人の人生にとっては重要なことではなかったのです。それよりも、真水《まみず》の部分を大事にしたのだと思います。

真水の部分を大事にするとは、自分の愛したものや、共感できるものを大事にして、そこに多くの時間を費やすという生き方です。そういう生き方のほうが、自分も楽しいし、本人が楽しんでいれば周りにも伝わり影響を与えていくことができます。

とはいえ、幼いころから親や先生などから、「いい大学に入って、安定した会社に就職しなさい。そうしないと、みじめな人生を送ることになるよ」と言われ続けた結果、自分の真水の部分が何なのかわからない、という人もいるでしょう。

そういう人はどうすればいいのか。真水を持っている人を自分の周りで探すことです。キリストの周りに、自然に弟子が集まってきたように、周りにいい影響を与える人というのは、自然に人を惹きつけます。そのような人を探してください。自分が魅力を感じる人を探してください。

真水を持っている人が見つかったとしても、すぐには、あなたの真水の部分は見つからないかもしれません。それでもいいと思います。真水の傍《そば》にいれば、そのうちに、自分のことがわかってくるからです。時間がかかっても、自分にとっての真水の部分が、きっと見つかります。

それを大事にすることが、スケールの差はあれ、インフルエンスを生み出すことにつながってゆくのではないでしょうか。そして、世界を動かすチャンスにもなってゆくのだと思います。

（二〇一三年五月）

JASRAC　出1308965-301

本書は二〇一〇年九月、集英社より刊行されたものを文庫化にあたり大幅に加筆・修正しました。

集英社文庫

ピンチに勝《か》てる脳《のう》

2013年 8 月25日　第 1 刷　　定価はカバーに表示してあります。

著　者　茂《も》木《ぎ》健一郎《けんいちろう》

発行者　加藤　潤

発行所　株式会社 集英社
東京都千代田区一ツ橋2-5-10　〒101-8050
電話　03-3230-6095（編集）
03-3230-6393（販売）
03-3230-6080（読者係）

本文組版　株式会社ビーワークス

印　刷　大日本印刷株式会社

製　本　大日本印刷株式会社

フォーマットデザイン　アリヤマデザインストア　　マークデザイン　居山浩二

ISBN978-4-08-745108-5 C0195